Estudios de la OCDE sobre Gobernanza Pública

Contratación Pública en Chile

OPCIONES DE POLÍTICA PARA CONVENIOS MARCO EFICIENTES E INCLUSIVOS

Este documento fue aprobado por el Comité de Gobernanza Pública el 23 de diciembre de 2016 y preparado para su publicación por la ecretaría de la OCDE.

Tanto este documento como cualquier mapa que se incluya en él no conllevan perjuicio alguno respecto al estatus o la soberanía de cualquier territorio, a la delimitación de fronteras y límites internacionales, ni al nombre de cualquier territorio, ciudad o área.

Por favor, cite esta publicación de la siguiente manera:
© OCDE (2017), *Contratación Pública en Chile: Opciones de Política para Convenios Marco Eficientes e Inclusivos*, Estudios de la OCDE sobre Gobernanza Pública, Éditions OCDE, Paris.
http://dx.doi.org/10.1787/9789264275614-es

ISBN 978-92-64-27552-2 (impresa)
ISBN 978-92-64-27561-4 (PDF)

Serie: Estudios de la OCDE sobre Gobernanza Pública
ISSN 2414-3308 (impresa)
ISSN 2414-3316 (en línea)

Los datos estadísticos para Israel son suministrados por y bajo la responsabilidad de las autoridades israelíes competentes. El uso de estos datos por la OCDE es sin perjuicio del estatuto de los Altos del Golán, Jerusalén Este y los asentamientos israelíes en Cisjordania bajo los términos del derecho internacional.

Fotografías: © magic pictures/Shutterstock.com.

Las erratas de las publicaciones de la OCDE se encuentran en línea en: *www.oecd.org/about/publishing/corrigenda.htm.*

Prólogo

Los gobiernos de los países de la OCDE están tratando de hacer que la prestación de servicios públicos sea más eficiente y rentable, en gran medida debido a limitaciones presupuestarias, pero también para responder a las crecientes expectativas de los ciudadanos. Al explorar diferentes opciones de políticas, están encontrando que los instrumentos de política técnica, como las herramientas de contratación pública, pueden además ser mecanismos para el cambio. Este reporte examina los convenios marco en los procesos de contratación pública en Chile.

El Programa de Gobierno de Chile para el período 2014 - 2018 definió un conjunto ambicioso de reformas económicas, políticas y sociales que incluyó cambios en la contratación pública destinados a mejorar su sostenibilidad y eficiencia. Representando casi un tercio del gasto público, la contratación pública impacta significativamente la prestación de servicios públicos, ya sea directamente con la provisión de infraestructura, servicios de salud o instalaciones educativas, o indirectamente generando oportunidades de negocios para el sector privado. La contratación pública estratégica, mediante la optimización y racionalización de los procesos, apoya la transformación del sector público y el crecimiento de la productividad e influye en la contribución del sector privado a la prestación de servicios públicos. También permite al gobierno evaluar la eficiencia de las políticas en un área que tiene un impacto económico directo

Los acuerdos marco son contratos entre una o más entidades adjudicadoras públicas y uno o más proveedores, que establecen las condiciones generales que rigen las órdenes de compra que se adjudicarán durante el período de vigencia del acuerdo. Estos acuerdos en las compras públicas son un mecanismo de compra colaborativa ampliamente utilizado a nivel internacional que puede aplicarse para agregar la demanda pública y optimizar los procesos de adquisición. Uno de los primeros países latinoamericanos en implementar acuerdos marco, Chile amplió progresivamente su uso tanto en el gobierno central como en los municipios. La central de compras de Chile, la Dirección de Compras y Contratación Pública de Chile (también conocida como ChileCompra), ha desarrollado acuerdos marco en un número creciente de categorías de productos. También desarrolló un mercado electrónico (la plataforma www.mercadopublico.cl) donde las órdenes de compra pueden ser procesadas por las autoridades contratantes. La implementación y desarrollo de este instrumento demostraron ser altamente exitosos en Chile: el catálogo electrónico de convenios marco denominado ChileCompra Express es la tienda virtual más grande del país y es casi equivalente a la totalidad del comercio electrónico privado en Chile.

Sin embargo, con el objetivo de optimizar este instrumento, ChileCompra está revisando el diseño y el funcionamiento de los convenios marco, y ha pedido a la OCDE que le asista en este compromiso, basado en su Recomendación del Consejo sobre Contratación Pública de 2015, así como en buenas prácticas internacionales y conocimientos en la implementación y gestión de los acuerdos marco.

Al enfocarse en los acuerdos marco, este informe evalúa el desempeño de esta contratación en Chile. Recomienda opciones estratégicas para mejorar el sistema de acuerdos marcos de ChileCompra, y sugiere formas de optimizar los procesos, mejorar la eficacia del sistema y aumentar la eficiencia al tiempo que promueve la inclusión.

El informe también presenta los principales resultados de una evaluación comparativa exhaustiva sobre acuerdos marco realizada a principios de 2016. Las prácticas actuales en diferentes jurisdicciones proporcionaron evidencia de antecedentes y datos para el análisis.

Este informe es parte del trabajo de la OCDE de ayudar a los gobiernos en todos los niveles a diseñar e implementar políticas eficaces, estratégicas y basadas en la evidencia para fortalecer la gobernanza pública.

Rolf Alter

Director, Departamento de Gobernanza Pública de la OCDE

Agradecimientos

Bajo la dirección de Rolf Alter, Director de Gobernanza Pública y Desarrollo Territorial de la OCDE, y la supervisión de János Bertók, Jefe de la División de Integridad del Sector Público, este estudio fue dirigido por Matthieu Cahen, Analista Senior de Políticas bajo la orientación de Paulo Magina, Jefe de la Unidad de Contrataciones. Kenza Khachani y Minjoo Son, Analistas de Políticas, también redactaron secciones. La ayuda editorial fue proporcionada por Thibaut Gigou y Laura McDonald. Anaisa Goncalves, Pauline Alexandrov y Alpha Zambou prestaron asistencia administrativa.

La OCDE expresa su agradecimiento a ChileCompra por su fructífera cooperación, la invitación a comparar el diseño, el uso y la gestión de sus instrumentos de contratación pública con las buenas prácticas internacionales, así como su diálogo abierto durante todo el proceso de revisión. Bajo la dirección de la Directora Trinidad Inostroza Castro, se agradece especialmente al personal de ChileCompra, en particular a Guillermo Burr, Jefe del Departamento de Investigación e Inteligencia de Negocios, Dora Ruiz Madrigal, Jefe de la División de Acuerdos Marco, Claudio Loyola Castro, Elena Mora, Coordinadora de Redes Intersectoriales, y Simón Benito Stuardo Novoa, Analista de Proyectos, por proporcionar información de apoyo y facilitar entrevistas con las partes interesadas relevantes durante la coordinación del proceso de revisión por pares. Consuelo Herrera, de la Delegación Permanente de Chile ante la OCDE, contribuyó decisivamente a apoyar a la OCDE en este proyecto.

Un agradecimiento especial también al revisor principal, Shayne Gray, Gerente Comercial del Ministerio de Negocios, Innovación y Empleo de Nueva Zelanda.

La OCDE expresa su agradecimiento a sus países miembros y a los delegados del Grupo de Expertos en Contratación Pública por haber respondido a la encuesta sobre acuerdos marco que fue fundamental para proporcionar bases y evidencia para comparar el uso de acuerdos marco en diferentes contextos, aplicaciones y resultados.

Índice

Figuras

Tablas

Recuadros

Resumen ejecutivo

Los esfuerzos en pos de la mejora de los procedimientos de compra, la reducción de la duplicaciones y la obtención de una mejor relación entre precio y calidad han llevado al desarrollo de políticas, en los países de la OCDE, que fomentan el uso de herramientas de compra colaborativa y estrategias como la compra centralizada, los convenios marco, la compra dinámica o la compra conjunta y también se ven reflejados en el principio de Eficiencia de la Recomendación del Consejo de la OCDE sobre Contratación Pública de 2015.

Un convenio marco es un acuerdo entre una o más autoridades contratantes y uno o más operadores económicos, que tiene por objeto establecer las condiciones generales que rigen las órdenes de compra que se adjudiquen durante un período determinado. La implementación y desarrollo de este instrumento demostraron ser altamente exitosos e hicieron que esta herramienta de compra se hiciera popular en Chile. En los últimos cinco años, la cantidad de órdenes de compra aumentó en un 150 % y la cantidad de proveedores que realizaron transacciones en más de un 130 %. Sin embargo, este mayor éxito también cuestiona la sostenibilidad del modelo operativo actual de los convenios marco, que fue testigo de un aumento del 758 % en las solicitudes de modificaciones de productos durante el mismo período.

El concepto completo y el funcionamiento de los Convenios Marco en Chile, a través de su catálogo electrónico, la mayor tienda virtual del país, es de cierto modo diferente de los principios más comúnmente admitidos que rodean la implementación y el uso de este instrumento de compra estratégica, como se ilustra en la evaluación comparativa con las prácticas de otros países de la OCDE.

Ante todo, ChileCompra es uno de los pocos organismos centrales de compra (OCC) que tienen una cantidad marginal de convenios marco con un proveedor. Además del Convenio marco que se relaciona con el seguro médico obligatorio, todos los demás instrumentos se concluyen con varios proveedores. En promedio, ChileCompra adjudica un convenio marco a 185 proveedores de 248 ofertas recibidas. Esto significa que casi un 70 % de los licitadores resultan admitidos en los convenios marco. No obstante, más del 60 % de los proveedores en promedio no recibieron ninguna orden de compra en 2014 y los 10 principales proveedores en cada convenio marco concentraron en promedio un 71 % de los ingresos totales.

De hecho, la cantidad de proveedores que participan en los convenios marco indica un enfoque diferente hacia el uso de este instrumento específico, dado que la mayoría de los países de la OCDE están usando esta herramienta para incrementar la eficiencia y extraer una mejor relación entre precio y calidad y ahorro de costos del sistema al agrupar y consolidar la demanda, reduciendo así la reserva de proveedores. Los convenios marco en Chile corresponden más a otras herramientas de compra colaborativa como sistemas de compra dinámica o catálogo electrónico.

Pero, otros aspectos de los convenios marco implementados por ChileCompra difieren de estas soluciones alternativas. Por ejemplo, los sistemas dinámicos de contratación (SCD) de la Unión Europea califican a los proveedores únicamente con base en si cumplen con requisitos técnicos fijos. Además, contrario a los convenios marco en Chile, los proveedores están autorizados para unirse al SCD existente en cualquier momento después de una convocatoria abierta a licitación y la competencia de la segunda etapa es obligatoria para todas las compras específicas. Este tipo de instrumento es significativamente diferente del funcionamiento de los convenios marco en Chile donde menos del 1% de las órdenes de compra están sujetas a la competencia de la segunda etapa.

Estas especificidades, un alto número de proveedores adjudicados y la limitada competencia en la segunda etapa, son centrales para el enfoque total de ChileCompra hacia los convenios marco. Demostraron innegablemente ser inclusivos, ya que ofrecían una participación generalizada en el mercado de compra pública para el sector privado, pero con las limitaciones mencionadas y relacionadas con la inclusión eficaz del sistema ya que la mayoría de los proveedores adjudicados no reciben ingresos en un año determinado. Al mismo tiempo, la sostenibilidad del modelo, tanto para sector público como para el privado, está lejos de ser cierta

Una de las opciones que ChileCompra podría considerar en su uso de los convenios marco es convertirlos en herramientas consolidadas que generen economías de escala. Esto implicaría la racionalización de la demanda y la oferta, pero arriesgaría perjudicar la inclusión existente. Por el contrario, Chile podría elegir mantener la estructura existente y enfocarse en aumentar la sostenibilidad del sistema, en particular, mediante la racionalización de la gestión operativa de los acuerdos marco, pero probablemente a expensas de alcanzar eficiencia en la relación entre precio y calidad y el ahorro.

Para equilibrar los beneficios y los riesgos mencionados anteriormente asociados con ambas opciones, Chile podría seguir otro camino: esto es, una implementación progresiva y dirigida hacia esfuerzos de consolidación estratégica, tales como la normalización de productos y agrupación de necesidades. Para beneficiarse de la experiencia de otros países, ChileCompra podría construir sobre la naturaleza híbrida de su sistema actual de convenios marco para desarrollar una arquitectura revisada mediante la cual las herramientas de compra colaborativa inclusiva estén a la par de instrumentos específicos de compra consolidada.

ChileCompra podría aumentar el ahorro al identificar las categorías de productos más propensas al desarrollo de economías de escala, reducir la reserva de proveedores, normalizar las categorías de productos y asignar estratégicamente el mercado a proveedores adjudicados después de fomentar la competencia. Gracias a una revisión de las reglas y los procedimientos para las categorías de productos donde la heterogeneidad de la demanda es inherentemente fuerte, ChileCompra podría reforzar la inclusión de los instrumentos correspondientes, en particular al permitir el establecimiento de puntos de ingreso para que los proveedores se unan a los instrumentos existentes. Acompañados con actualizaciones estructuradas de productos, estos esfuerzos contribuirían a aumentar la rentabilidad operativa de los convenios marco.

Capítulo 1.

Resumen del uso de Convenios marco en Chile

Desde su establecimiento en 2003, el uso de convenios marco en Chile incrementó drásticamente. Hay más autoridades contratantes que dependen de este instrumento de compra colaborativa y los proveedores adjudicados se han duplicado en los últimos dos años. Bajo la responsabilidad del Organismo Central de Compras de Chile, ChileCompra, la sostenibilidad y eficacia del sistema están ahora en juego, lo que representa nuevos desafíos de cómo soportar y manejar el uso cada vez mayor de este instrumento. Este capítulo proporciona un panorama general de las principales tendencias del sistema de contrataciones públicas existente en Chile y destaca los objetivos subyacentes de los convenios marco. También incluye los resultados de un ejercicio de análisis comparativo entre varios países miembros y no miembros de la OCDE, que usa las respuestas recibidas en la Encuesta sobre convenios marco centralizados de 2015 de la OCDE.

Enfoque de Chile en cuanto a los convenios marco

Según los datos publicados en 2011 (OCDE, 2011a), las licitaciones públicas en Chile representaron casi el 7 % del producto bruto interno (PBI) en 2008. En 2013, los países de la OCDE gastaron, en promedio, 12,1 % del PBI en licitaciones públicas, lo que se traduce a un promedio de 28,4 % del gasto general total del gobierno en comparación con un nivel promedio del 29,4 % en 2009 (OCDE, 2015a). Si consideramos la importancia del gasto público, mejorar la eficiencia, incluso aumentar la rentabilidad, es el primer y más importante objetivo de la compra pública.

Los instrumentos de compra colaborativa están entre las herramientas que más utilizan los empleados de licitaciones para impulsar la eficacia y la rentabilidad. Estos instrumentos abren la puerta a procesos de licitaciones simplificadas, reducen duplicaciones de los costos administrativos e incrementan el poder adquisitivo del gobierno. Aunque hay diferentes mecanismos contractuales incluidos en este enfoque colectivo hacia la compra pública, un convenio marco, si bien tiene diferentes especificidades, es el instrumento que los países adoptan de manera más rutinaria.

Aunque se pueda ver a los convenios marco como un instrumento puramente técnico aplicado a la compra pública, comunica principios y habilidades que contribuyen con el desarrollo de la compra como función estratégica. El análisis de la demanda, responde a las necesidades del usuario y la evaluación de desempeño, proporciona evidencia tangible de la rentabilidad de la compra. Los convenios marco abordan directamente los principios más importantes establecidos en la Recomendación sobre Contrataciones Públicas de la OCDE de 2015. (OCDE, 2015b)

El uso de los convenios marco por parte de algunas o todas las entidades de adquisición a nivel del gobierno central es generalizado entre los países de la OCDE: 97 % de los países encuestados informaron su uso en 2012 (OCDE, 2012). Además, un número cada vez mayor de países miembro de la OCDE ha implementado organismos centrales de compra a nivel central para agrupar la demanda, y para actuar como gestor del sistema nacional que adjudica instrumentos consolidados, incluso convenios marco (Figura 1.1). En la Unión Europea, los convenios marco representaron 27 % en número y 42 % en valor de todos los contratos centrales de compra en 2008 y 2009 (CE, 2011). El uso de herramientas de compra colaborativa representa un cambio hacia la implementación de la compra estratégica.

Figura 1.1. Rol de los organismos centrales de compra (OCC)

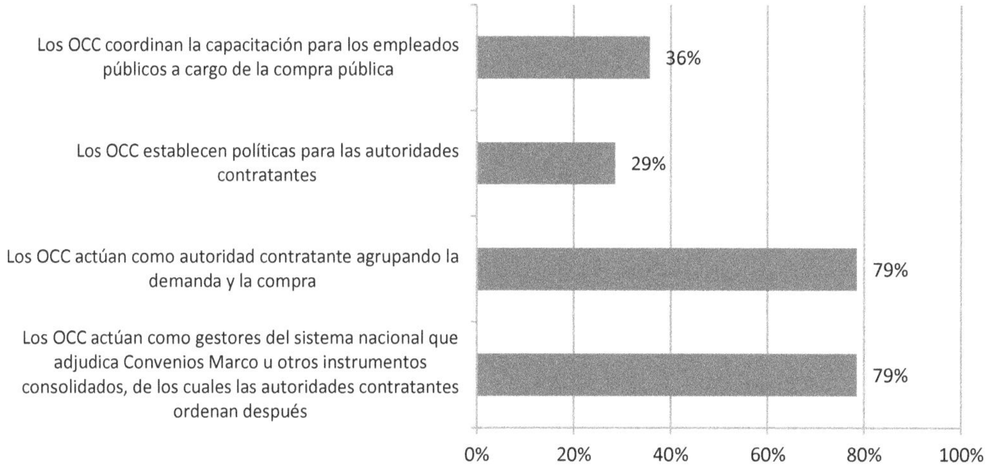

Fuente: adaptado de la OCDE (2015a), *"Government at a Glance 2015"* (Panorama de las administraciones públicas), OECD Publishing, Paris. http://dx.doi.org/10.1787/gov_glance-2015-en.

El programa del gobierno chileno para 2014-2018 tiene el objetivo de modernizar el estado para incrementar la eficacia e innovación. En línea con esto, la Dirección de Compras y Contratación Pública de Chile, ChileCompra, como el organismo de gobierno de las licitaciones públicas y que actúa como un organismo central de compra, está revisando algunas de sus prácticas, procesos, tecnologías y modelos de operación.

ChileCompra es la agencia central de compras de Chile. Sus principales funciones son: 1) proporcionar respaldo a las entidades públicas en la realización de los procesos de compra; 2) implementar, operar y mantener el sistema informático que permite que las entidades públicas realicen operaciones de adquisición por Internet; 3) gestionar el registro de proveedores; 4) comprar bienes y servicios a nombre de una entidad pública o más; e 5) implementar y gestionar los convenios marco. Por lo tanto, el rol de ChileCompra se divide en dos: desarrollar las políticas de compras del país e implementar instrumentos de compra colaborativa para el beneficio de las autoridades contratantes.

Los convenios marco se han implementado en Chile desde 2003. La ley n.º 19 886 de Compras públicas[1] establece que ChileCompra es responsable de implementar y gestionar este tipo de acuerdos. Un reglamento[2] detalla en mayor medida las obligaciones de las entidades públicas que utilizan los convenios marco.

Con la misión y responsabilidad de gestionar los convenios marco, ChileCompra desarrolló una plataforma electrónica (*ChileCompra Express*) para acceder a todos los bienes y servicios disponibles para la compra por parte de entidades públicas.

En 2014, alrededor de 850 entidades públicas compraron bienes y servicios a través de la plataforma electrónica administrada por ChileCompra. Ese mismo año, se realizaron un total de 810 434 órdenes de compra por un valor aproximado de mil millones de dólares americanos en ChileCompra y esas transacciones, en términos de valor acumulado desde la creación, representaron aproximadamente 4,7 millones de órdenes de compra por USD 10 500 millones. En particular, el uso de los convenios marco por parte de las entidades públicas ha experimentado un crecimiento exponencial en los últimos años, como la Figura 1.2 lo muestra.

Figura 1.2. Aceptación de los convenios marco por parte de las autoridades contratantes

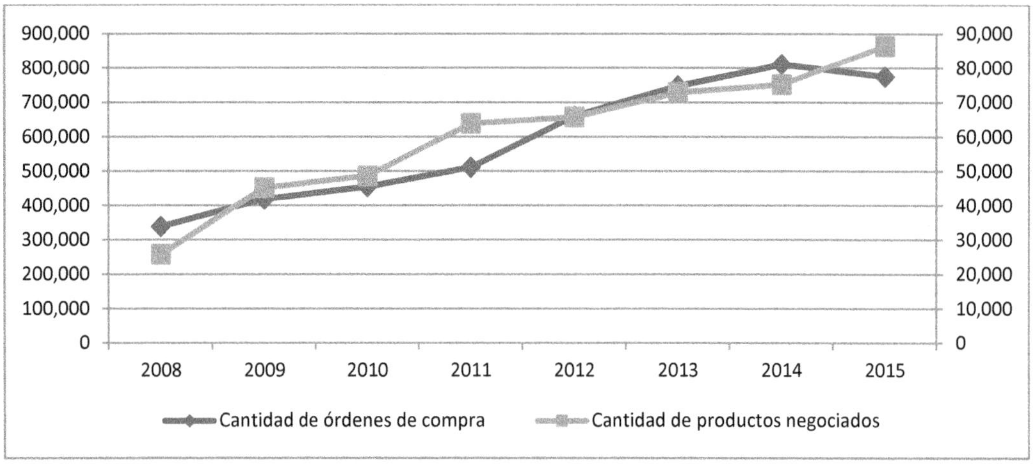

900,000
800,000
700,000
600,000
500,000
400,000
300,000
200,000
100,000
0
90,000
80,000
70,000
60,000
50,000
40,000
30,000
20,000
10,000
0
2008
2009
2010
2011
2012
2013
2014
2015
Cantidad de órdenes de compra
Cantidad de productos negociados

Fuente: información proporcionada por ChileCompra

ChileCompra Express permite que las entidades públicas compren bienes y servicios disponibles en los convenios marco. La plataforma electrónica también les proporciona a los proveedores la posibilidad de modificar sus ofertas. ChileCompra luego evalúa los cambios en las especificaciones y los precios de los productos realizados por los proveedores y esta los incorpora a la plataforma si considera que corresponde.

Figura 1.3. Aceptación de los convenios marco por parte de los proveedores

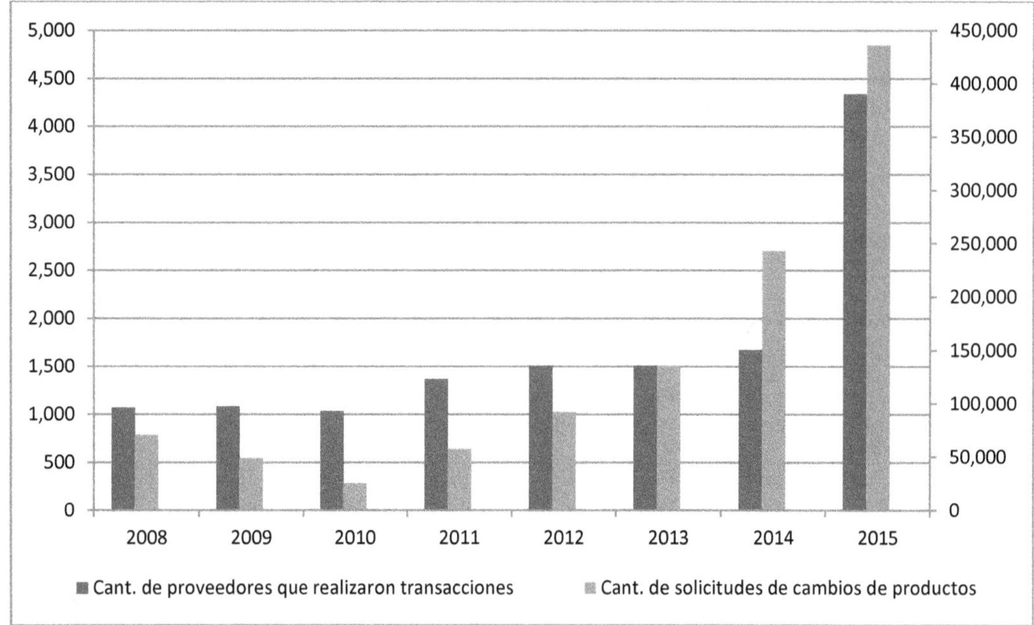

5,000
4,500
4,000
3,500
3,000
2,500
2,000
1,500
1,000
500
0
450,000
400,000
350,000
300,000
250,000
200,000
150,000
100,000
50,000
0
2008
2009
2010
2011
2012
2013
2014
2015
Cant. de proveedores que realizaron transacciones
Cant. de solicitudes de cambios de productos

Fuente: información proporcionada por ChileCompra

La arquitectura, el funcionamiento y el uso de ChileCompra Express a lo largo del tiempo demuestran el éxito de ChileCompra en la tarea de alcanzar a través de los convenios marco los objetivos generales de la política de inclusión y apertura del sistema de compras públicas a los proveedores chilenos de todos los tamaños. Entre 2010 y 2015, la cantidad de proveedores que realizaron transacciones aumentó en casi un 180 % (Figura 1.3). Esto representa la tienda virtual más grande del país y es casi equivalente a la totalidad del comercio electrónico privado en Chile.[3]

No obstante, hay desafíos inherentes a lo largo de estos éxitos, tanto operativos como conceptuales, que obstaculizan la eficacia general del sistema. La evolución gradual del sistema podría mejorar su eficacia, su gestionabilidad y los beneficios generales que podrían aportar los convenios marco (agrupación de demandas, racionalización de compras y reserva de proveedores, estandarización de las ofertas, etc.).

Reconsiderar el diseño de los convenios marco ofrece una gran oportunidad para que ChileCompra fortalezca aún más el enfoque estratégico de su función de compras centralizadas. Estos esfuerzos respaldarían el cambio más general hacia las compras estratégicas que se experimentan en muchos países de la OCDE.

Figura 1.4. Enfoques hacia las compras

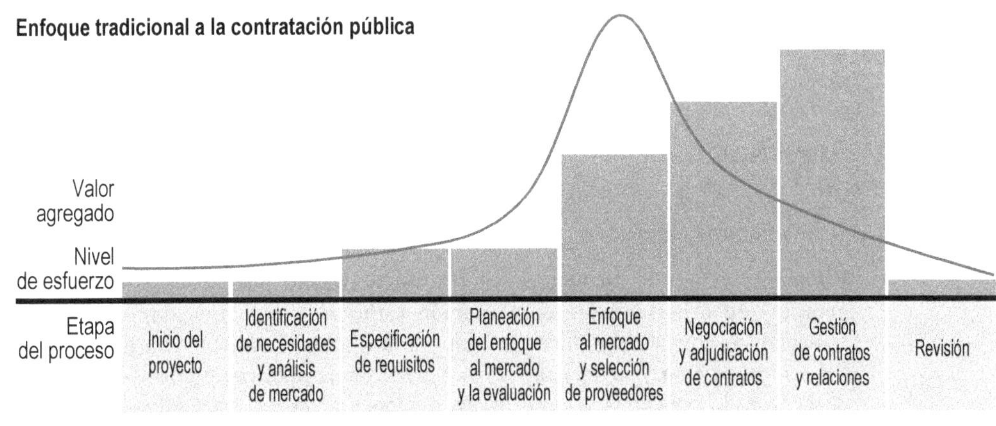

Vs.

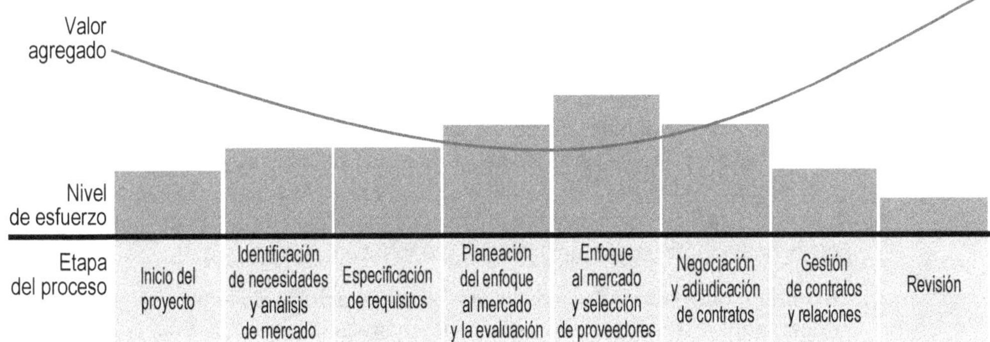

Fuente: Ministerio de Negocios, Innovación y Empleo de Nueva Zelanda (2011), "*Mastering procurement, a structured approach to strategic procurement*" (Cómo dominar las compras, un enfoque estructurado hacia las compras estratégicas).

Considerando el uso actual de este instrumento de compra y su éxito en términos de inclusión, la implementación correcta de las recomendaciones en pos de un sistema más eficiente requeriría un enfoque cauteloso y divido en fases para evitar cambios drásticos.

Para comprender mejor las diferentes opciones de políticas disponibles en la implementación y gestión de los convenios marco, la OCDE diseñó una encuesta (en adelante, la "Encuesta") que se concentra en la implementación de los acuerdos marco por los organismos centrales de compra. Este informe incluye el análisis de las respuestas[4] que se recibieron de países miembros y no miembros de la OCDE que proporcionaron información correcta sobre sus experiencias con esta herramienta. Los resultados de la encuesta son usados para comparar la práctica de ChileCompra sobre convenios marco centralizados con las prácticas de estos países.

Recuadro 1.1. Principios de la recomendación de la OCDE relacionados con los convenios marco

Aunque la Recomendación sobre contrataciones públicas de la OCDE de 2015 especifica principios aplicables a la totalidad del ciclo de la contratación pública y a todas las herramientas utilizadas por los países miembros de la OCDE, algunos principios transmiten conceptos que están relacionados estrechamente con la implementación y gestión centralizada de instrumentos de compra colaborativa como los convenios marco. En particular, el Consejo de la OCDE:

1. **RECOMIENDA** que los Adherentes fomenten una **participación** transparente y efectiva de las partes interesadas.

A tal fin, los Adherentes deberán:

1. **Elaborar, y seguir, un procedimiento normalizado para la introducción de cambios en el sistema de contratación pública.** Dicho procedimiento deberá fomentar las consultas públicas, invitar a la formulación de comentarios por parte del sector privado y la sociedad civil, garantizar la publicación de los resultados de la fase de consultas y explicar las opciones elegidas, todo ello de un modo transparente.
2. **Entablar periódicamente diálogos transparentes con los proveedores y con las asociaciones empresariales para exponerles los objetivos en materia de contratación pública y garantizar un adecuado conocimiento de los mercados.** Es preciso lograr una comunicación eficaz que permita a los potenciales proveedores comprender mejor las necesidades nacionales, y proporcione a los compradores públicos información con la que elaborar, conociendo mejor toda la oferta del mercado, unos expedientes de licitación más eficaces. Estas relaciones deberán quedar sujetas a salvaguardias de la equidad, la transparencia y la integridad que variarán en función de si está en marcha un procedimiento de licitación. Igualmente, será preciso adaptar esas relaciones para garantizar que las empresas extranjeras que participan en las licitaciones públicas reciben una información transparente y oportuna.
3. **Brindar oportunidades para la participación directa de las partes interesadas externas** en el sistema de contratación pública, con el objetivo de potenciar la transparencia y la integridad a la vez que asegura un nivel adecuado de control, sin perjuicio del respeto constante de la confidencialidad, la igualdad de trato y demás obligaciones legales del procedimiento de contratación pública.

2. **RECOMIENDA** que los Adherentes desarrollen procedimientos que, satisfaciendo las necesidades de la administración pública y de los ciudadanos, impulsen la **eficiencia** a lo largo de todo el ciclo de la contratación pública.

Recuadro 1.1. Principios de la recomendación de la OCDE relacionados con los convenios marco *(continuación)*

A tal fin, los Adherentes deberán:

1. **Simplificar el sistema de contratación pública y su marco institucional.** Los Adherentes deberán evaluar los actuales procedimientos e instituciones para identificar las duplicidades funcionales, ámbitos de ineficacia y otros elementos ineficientes. A continuación, y en la medida de lo posible, deberá desarrollarse, en torno a procesos de contratación y flujos de trabajo eficaces y eficientes, un sistema de contratación pública orientado al servicio, con el fin de reducir la carga administrativa y los costos de este capítulo, mediante, por ejemplo, servicios compartidos.
2. **Implantar procedimientos técnicos adecuados que satisfagan eficientemente las necesidades de los destinatarios.** Los Adherentes deberán adoptar medidas encaminadas a asegurar que los resultados de los procesos de contratación satisfacen las necesidades de los administrados, por ejemplo, elaborando unas especificaciones técnicas adecuadas, estableciendo unos criterios apropiados de adjudicación de contratos, garantizando que los evaluadores de propuestas poseen los adecuados conocimientos técnicos, y asegurándose de que, tras la adjudicación de los contratos, se dispone de los recursos y conocimientos necesarios para la gestión de los mismos.
3. **Crear, y utilizar, instrumentos que mejoren los procedimientos de contratación pública, reduzcan las duplicidades y logren una mayor eficiencia**, incluyéndose entre estos mecanismos la centralización de la contratación pública, los acuerdos marco, los catálogos electrónicos, la adquisición dinámica, las subastas electrónicas, las contrataciones compartidas y los contratos con opciones. La aplicación de estos instrumentos en los niveles subestatales de la administración, siempre que ello sea adecuado y factible, puede impulsar aún más la eficiencia.

4. **RECOMIENDA** que los Adherentes dispongan de un personal dedicado a la contratación pública con **capacidad** de aportar en todo momento, de manera eficaz y eficiente, la debida rentabilidad en este ámbito.

A tal fin, los Adherentes deberán:

1. **Asegurarse de que los profesionales de la contratación pública tienen un alto nivel de integridad, capacitación teórica y aptitud para la puesta en práctica, para lo que les proporcionan herramientas específicas y periódicamente actualizadas, disponiendo**, por ejemplo, de unos empleados suficientes en número y con las capacidades adecuadas, reconociendo la contratación pública como una profesión en sí misma, proporcionando formación periódica y las oportunas titulaciones, estableciendo unas normas de integridad para los profesionales de la contratación pública y disponiendo de una unidad o equipo que analice la información en materia de contratación pública y realice un seguimiento del desempeño del sistema.
2. **Ofrecer a los profesionales de la contratación pública un sistema de carrera atractivo, competitivo y basado en el mérito**, estableciendo vías de ascenso según méritos claros, brindando protección frente a las injerencias políticas en el procedimiento de contratación pública, y promoviendo en las esferas nacional e internacional las buenas prácticas para los sistemas de carrera profesional al objeto de mejorar el rendimiento de estos empleados.

Recuadro 1.1. Principios de la recomendación de la OCDE relacionados con los convenios marco *(continuación)*

3. **Fomentar la adopción de enfoques colaborativos con entidades como universidades,** *think tanks* o centros políticos a fin de mejorar las capacidades y competencia del personal de contratación pública. Deberá hacerse uso de la especialización y la experiencia pedagógica de estos centros del saber, en tanto en cuanto son herramientas valiosas que amplían los conocimientos en esta materia y establecen un canal bidireccional entre teoría y práctica capaz de impulsar la innovación en los sistemas de contratación pública.

5. **RECOMIENDA** que los Adherentes estimulen mejoras en el rendimiento mediante la **evaluación** de la eficacia del sistema de contratación pública, tanto en procesos concretos como en el sistema en su conjunto, a todos los niveles de la administración pública siempre que resulte factible y adecuado.

A tal fin, los Adherentes deberán:

1. **Evaluar de un modo periódico y sistemático los resultados del procedimiento de contratación pública.** Los sistemas de contratación pública deberán obtener información coherente, actualizada y fiable y aprovechar los datos relativos a procedimientos anteriores, en especial en lo que atañe al precio y a los costos globales, para organizar evaluaciones de nuevas necesidades, ya que son una valiosa fuente de conocimientos con potencial de orientar las decisiones futuras en materia de contratación.

2. **Desarrollar indicadores para cuantificar el rendimiento, la eficacia y el ahorro de costos en el sistema de contratación pública** a efectos comparativos y para dar apoyo a la formulación estratégica de políticas sobre contratación pública.

Fuente: OCDE (2015b), Recomendación del consejo sobre contratación pública, www.oecd.org/gov/ethics/OCDE-Recomendacion-sobre-Contratacion-Publica-ES.pdf.

En busca de objetivos comunes: las múltiples formas de los convenios marco

Los convenios marco tienen diferentes estructuras, implementan diferentes mecanismos y a veces utilizan diferentes nombres en los distintos países. Un convenio marco, puede ser definido por una explicación procesal lo que significa que un convenio marco es comúnmente entendido como un instrumento contractual con uno o más operadores económicos para el suministro de bienes, servicios y, en algunos casos, obra pública. El objetivo del acuerdo marco es establecer los términos que regulan los contratos que adjudicarán una o más autoridades contratantes (AC) en virtud de sus principios y requisitos.

Los convenios marco centralizados, son implementados por un Organismo central de compras (OCC) en nombre de las AC. La relación tripartita que implica este tipo de instrumento (OCC, AC y proveedores), y los beneficios que proporcionan los convenios marco, dependerán de la naturaleza de las relaciones entre estas diferentes entidades.

El nivel de compromiso de ambos lados, demanda y oferta, con el uso de los convenios marco afectará el funcionamiento de este instrumento de compra. Estos niveles de compromisos proporcionarán una indicación sobre la probabilidad de actividades eficaces de comercio entre las partes. Si consideramos su incertidumbre en cuanto a las ganancias, la eficacia de los convenios marco para ambos lados dependerá de este factor.

Cuando el compromiso del lado de la demanda es débil, y cuando las autoridades contratantes no tienen la obligación de comprar productos disponibles a través de un convenio marco, el atractivo de este instrumento para los proveedores podría ser limitado. Cuando el compromiso del lado de la oferta es débil, y no conlleva una aceptación obligatoria de las órdenes, se podría cuestionar la rentabilidad para las autoridades contratantes. El principal rol de los OCC en relación con los convenios marco es, por lo tanto, intentar conciliar su flexibilidad con la visibilidad razonable sobre las actividades probables de compra.

La estructura global de los convenios marco podría ayudar a transformar el rol del organismo central de compras y que pase de ser un intermediario a ser un facilitador.

Figura 1.5. El rol de los OCC

1. Dos lados opuestos del puente

Encontrar la mejor combinación entre necesidades públicas y privadas

2. Una relación cambiante con ambos lados cambia el rol del OCC

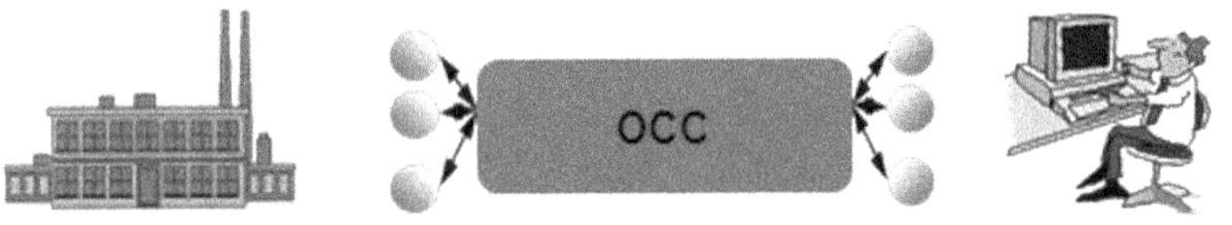

Encontrar la mejor combinación entre necesidades públicas y privadas

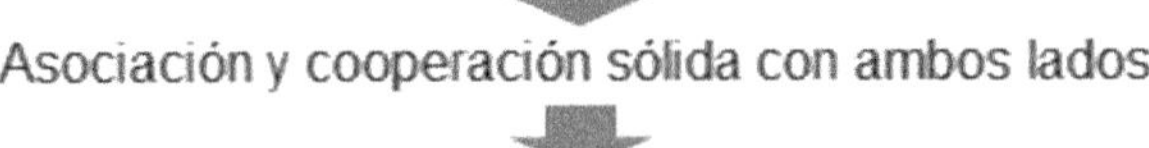

Asociación y cooperación sólida con ambos lados

Gestión real del cambio dentro del sector público

3. Dos socios... y un facilitador

El OCC alienta un diálogo transparente, ya no actúa como intermediario, sino como activador del diálogo

Fuente: OCDE (2014), "*Manual on Framework Agreements*" (Manual sobre convenios marco).

Esta relación tripartita que rodea a la gestión y el uso de convenios marco (CM) también podría tener consecuencias financieras. En varios países, los OCC generan recursos presupuestarios a partir del uso de este instrumento. Al mismo tiempo, la Encuesta demostró que la práctica mediante la cual los OCC reciben comisiones de los proveedores o las autoridades contratantes está dividida entre los países (Figura 1.6).

Figura 1.6. Comisiones pagadas a los OCC por el uso de CM

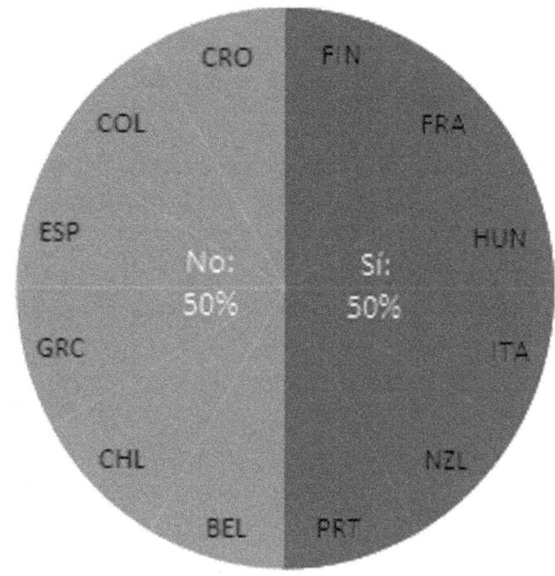

Fuente: OCDE (2015c) Encuesta sobre convenios marco centralizados

Las encuestas anteriores sugieren que algunos OCC[5] de la Unión Europea reciben algunas comisiones de los proveedores (OCDE, 2011b) lo que normalmente representa entre el 0,6 % y el 2 % de la facturación generada en virtud del convenio marco. Ese sistema podría proporcionarle incentivos a los OCC para desarrollar e implementar la realización de convenios marco ya que una parte de sus ganancias deriva directamente de su uso.

No obstante, este sistema también podría incrementar los precios para los convenios dado que las ganancias, o una parte de estas, dependerán de las sumas facturadas. Este posible efecto se vería mitigado en Chile dado que la ley autoriza a las autoridades contratantes a comprar fuera de los convenios marco si se determina que los plazos y las condiciones financieras son más favorables.

La definición procesal solo explora descripciones parciales de qué son los acuerdos marco y cómo los países los entienden y utilizan. Otra manera de definirlos es observar su objetivo como una herramienta de compra estratégica en la cual los costos de procesamiento en los niveles de implementación y administración se ven, o se deberían ver, superados por los beneficios que brinda en cuanto a la simplificación, racionalización o participación.

Esta segunda forma de definir los acuerdos marco posibilita un factor decisivo adicional en la estructura y el funcionamiento de los convenios marco: no son adecuados para todas las actividades de compra o contratación. Ya sea que las decisiones se realicen sobre la base de partes de los gastos de la compra, la recurrencia de compras o la naturaleza de los mercados, implementar convenios marco requiere decisiones informadas que con frecuencia se basan en información transaccional.

Aunque la calidad y fiabilidad de la información transaccional es de suma importancia para respaldar cualquier avance general hacia la compra estratégica, esta es incluso más aguda para la implementación y gestión estratégica de los convenios marco. En 2014, las autoridades contratantes chilenas han emitido más de 800 000 órdenes de compra en virtud de acuerdos marco. No obstante, casi un 15 % de estas órdenes no fueron identificadas correctamente en el sistema, lo que significa que ChileCompra no puede obtener información suficiente sobre un 8,75 %, en términos de valor, del gasto público canalizado a través de los convenios marco que ascienden a USD 164 millones.

Notas

1 Artículo 30 de la Ley 19 886 sobre Compras públicas (*Ley de Bases Sobre Contratos Administrativos de Suministro y Prestación de Servicios).*

2 Reglamento de la Ley 19 886 (*Reglamento de la Ley n.° 19 886 de Bases Sobre Contratos Administrativos de Suministro y Prestación de Servicios).*

3 Según estima la Cámara de Comercio de Santiago, el comercio electrónico en Chile durante 2014 representó USD 2000 millones.

4 La encuesta se envió a Austria, Bélgica, Canadá, Chile, Colombia, Corea, Costa Rica, Croacia, Dinamarca, Eslovenia, España, Estados Unidos, Estonia, Finlandia, Francia, Grecia, Hungría, Islandia, Irlanda, Italia, Nueva Zelanda, Portugal, el Reino Unido, Suecia y Suiza. Se recibieron respuestas de 11 países de la OCDE (a saber, Bélgica, Canadá, Chile, España, Finlandia, Francia, Grecia, Hungría, Italia, Nueva Zelanda y Portugal) y 2 países no miembros de la OCDE (Colombia y Costa Rica).

5 Hansel en Finlandia, SKI en Dinamarca, Buying Solutions en el Reino Unido y los OCC suecos.

Referencias

Comisión Europea (CE) (2011), "*Evaluation Report: Impact and Effectiveness of EU Public Procurement Legislation – Part 1*" (Informe de evaluación: impacto y eficacia de la legislación sobre contratación pública de la UE. Parte 1.), Commission Staff Working Paper, SEC (2011) 853 final, Bruselas, *http://ec.europa.eu/internal_market/publicprocurement/docs/modernising_rules/er853_1_en.pdf*, se accedió el 27 de enero de 2016.

Ministerio de Negocios, Innovación y Empleo de Nueva Zelanda (2011), "*Mastering procurement, a structured approach to strategic procurement*" (Cómo dominar las compras, un enfoque estructurado hacia las compras estructuradas), www.procurement.govt.nz/procurement/for-agencies/strategic-procurement/mastering-procurement-the-guide.

OCDE (2015a), *"Government at a Glance 2015"* (Panorama de las administraciones públicas 2015), OECD Publishing, París. http://dx.doi.org/10.1787/gov_glance-2015-en.

OCDE (2015b), Recomendación del consejo sobre contratación pública. www.oecd.org/gov/ethics/OCDE-Recomendacion-sobre-Contratacion-Publica-ES.pdf.

OCDE (2015c) Encuesta sobre convenios marco centralizados.

OCDE (2014), "*Manual on Framework Agreements*" (Manual sobre convenios marco).

OCDE (2012), "OECD 2012 Survey on Public Procurement" (Encuesta sobre contratación pública de 2012 de la OCDE), OCDE, París.

OCDE (2011a), *"Government at a Glance 2011"* (Panorama de las administraciones públicas 2011), OECD Publishing, París. DOI: http://dx.doi.org/10.1787/gov_glance-2011-en.

OCDE (2011b), "*Centralised Purchasing Systems in the European Union*" (Sistemas de contratación centralizados en la Unión Europea), SIGMA Papers, N.° 47, OECD Publishing, París.: http://dx.doi.org/10.1787/5kgkgqv703xw-en.

Capítulo 2.

Implementando instrumentos de compra colaborativa en Chile

La tarea de decidir implementar instrumentos de compra colaborativa como los convenios marco requiere un análisis detallado del lado de la demanda y de la oferta para asegurarse de que estos instrumentos cumplen con sus objetivos subyacentes.

Este capítulo analiza conceptos como heterogeneidad de la demanda e incertidumbre de la oferta, que son centrales para el análisis de costos y beneficios de la implementación de herramientas de compra. También destaca las prácticas comunes en los diferentes países a la hora de definir las estrategias de compra.

Un convenio marco es un instrumento legal de compra que puede ayudar a racionalizar y agrupar las necesidades de compra, incrementando así poder adquisitivo del sector público. La Recomendación sobre contratación pública de la OCDE (OCDE, 2015a) solicita a los países que desarrollen procesos que impulsen la eficacia a lo largo del ciclo de compras públicas. La recomendación indica en particular que los países deben: crear, y utilizar, instrumentos que mejoren los procedimientos de contratación pública, reduzcan las duplicidades y logren una mayor eficiencia, incluyéndose entre estos mecanismos la centralización de la contratación pública, los acuerdos marco, los catálogos electrónicos, la adquisición dinámica, las subastas electrónicas, las contrataciones compartidas y los contratos con opciones".

Los convenios marco son parte del conjunto de herramientas de compra de muchos países acompañados de otras opciones, donde todas apuntan a incrementar la eficacia global de los sistemas de compra pública. Esas herramientas pueden ser beneficiosas para los proveedores y proporcionarles relaciones contractuales más prolongadas, estables y visibles con entidades públicas. No obstante, debido a su naturaleza, los acuerdos marco deben ser cuidadosamente implementados ya que no contienen compromisos contractuales hacia el pedido de bienes o servicios.

La heterogeneidad de la demanda y la incertidumbre de la oferta requieren estrategias específicas de compra

Como en muchos países de la OCDE, en Chile un Organismo central de compras (OCC) crea los convenios marco en nombre de las autoridades contratantes que pueden interpretar el rol de usuarios finales.

Figura 2.1. OCC a cargo de gestionar los convenios marco

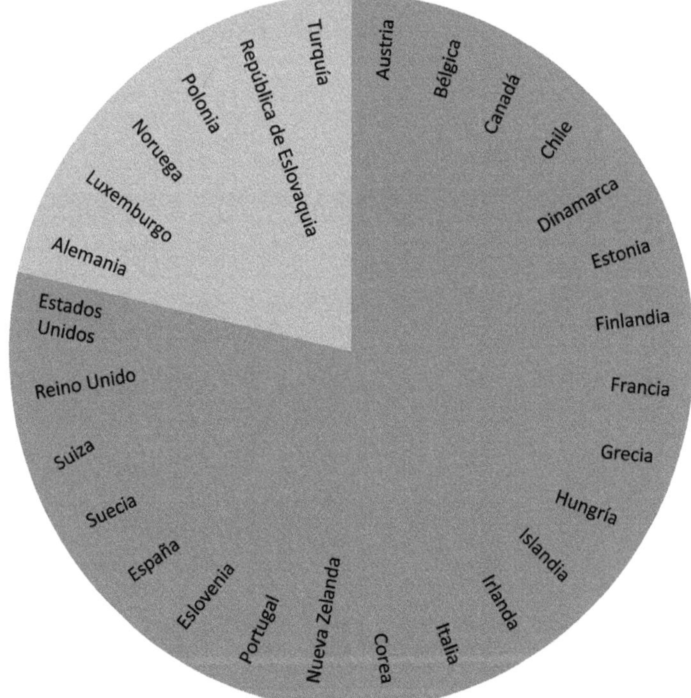

Fuente: adaptado de la OCDE (2015), *"Government at a Glance 2015"* (Panorama de las administraciones públicas), OECD Publishing, París. http://dx.doi.org/10.1787/gov_glance-2015-en.

Aunque este sistema proporciona un mayor control del OCC a la hora de definir las estrategias de compra correspondientes, acarrea desafíos inherentes para garantizar que un instrumento de compra centralizado así satisface necesidades descentralizadas.

Las estrategias de compra adaptadas a los convenios marco deberían responder a objetivos diferentes y a veces contradictorios. Los gobiernos han incrementado el uso de los convenios marco para lograr un ahorro de costos y generar avances de productividad (OCDE, 2013a). Los acuerdos marco generan rentabilidades operativas y administrativas al reducir los costos burocráticos y proporcionar economías de escala, sin embargo estos convenios también deben abordar la probable heterogeneidad de las necesidades de todas las autoridades contratantes y los posibles marcos normativos en el que son operados.

Productos de alta disponibilidad y estandarizados crearán un apetito por la definición de estrategias de compra dirigidas a la reducción de costos. Bienes o servicios más complejos o cruciales podrían promover estrategias que minimicen la probabilidad de la interrupción de la oferta o que fomenten la calidad por encima del precio. Como tal, es clave adaptar estrategias de compra a las especificidades de los bienes o servicios que se adquirirán.

Alcanzar los objetivos globales de los convenios marco por lo tanto requiere un análisis de la demanda, las necesidades de compra y los patrones de las entidades de compra (Nollet y Beaulieu, 2005). Las fuentes de información dependerán en gran medida de si se debería implementar un nuevo convenio marco o si el análisis de la demanda concierne la renovación de un instrumento existente.

El análisis de la demanda debería aportar la información sobre las tendencias históricas de las compras en categorías de productos específicas y posibles servicios asociados, sin embargo, también necesita observar minuciosamente la estructura y características del lado de la demanda en términos de flexibilidad presupuestaria y recurso obligatorio a los convenios marco. Donde los convenios marco son usados voluntariamente, el posible presupuesto correspondiente debería evaluarse cautelosamente ya que refuerza más la incertidumbre de la ganancia.

Una evaluación de las capacidades del mercado para responder a la solicitud del OCC de implementar un convenio marco es también esencial durante su preparación. Implementar estrategias de compra eficientes para la adjudicación de convenios marco implica comprender el desempeño y la concentración del mercado (Church y Ware, 2000), así como reunir información sobre la estructura de precios de los bienes o servicios específicos. El rol de la estructura de precios es más pronunciado cuando se considera que las economías de escala solo pueden darse cuando los proveedores son capaces de operar a un costo menor por unidad, es decir cuando los costos de producción comprenden una fracción notable de los costos fijos, independientemente de las escalas de producción (Albano, 2010). Colombia ha reconocido el rol esencial de los estudios de mercado para preparar un convenio marco, y ha establecido el contenido mínimo aceptable para los estudios de mercado (Recuadro 2.1).

Recuadro 2.1. Contenido mínimo aceptable para estudios de mercado en Colombia

Las leyes colombianas de compras y contrataciones exigen que los grupos de compras del gobierno realicen un "estudio preliminar" antes de que comiencen con un proceso de compra. En el pasado, esos estudios han abordado mayormente la naturaleza de la compra y el proceso de compra y los términos y las condiciones contractuales pretendidos, por lo que no eran verdaderos estudios de mercado. El artículo 15 del Decreto 1510 de 2013 ahora exige específicamente que los empleados públicos colombianos realicen un análisis de mercado antes de comenzar un proceso de contratación. A pesar de estos cambios legislativos, pocos empleados públicos de compras en Colombia preparan estudios de mercado o tienen las habilidades para realizar un estudio de este tipo. Para abordar este tema, *Colombia Compra Eficiente* estableció el contenido mínimo aceptable para los estudios de mercado a través de un manual publicado en 2013 y actualizado en 2014, que pueden usar las entidades de compra colombianas cuando encaran sus estudios de mercado (CCE, 2014).

Los estudios de mercado deberían identificar las características y especificaciones de:

- los bienes y servicios que se comprarán
- los proveedores actuales y potenciales
- los productos alternativos
- las tendencias de los precios en el transcurso del tiempo
- las diferencias en los precios entre los mercados de compras público y privado
- los costos y otras variables competitivas.

Los estudios de mercado deberían ser realizados por personas con conocimientos sobre compras, contrataciones o investigación, que cuenten con el tiempo y los recursos suficientes. El desarrollo de una estrategia de capacitación y la implementación de una acción de capacitación podría proporcionarle al personal de compras los conocimientos necesarios para realizar estudios de mercado eficaces.

Fuentes: adaptado de la OCDE (2016), "*Towards Efficient Public Procurement in Colombia: Making the Difference*" (Hacia una contratación pública eficiente en Colombia: marcar la diferencia), Estudios de la OCDE sobre Gobernanza Pública, OECD Publishing, París. http://dx.doi.org/10.1787/9789264252103-en.

Sobre la base de estos análisis preliminares, las estrategias de compra adaptadas a la medida de los convenios marco contribuiría para definir el diseño de la documentación de la licitación. También intentarían conciliar la incertidumbre inherente (no se les promete a los proveedores recibir ninguna ganancia de los convenios marco) de un instrumento así con la certeza razonable que marca la pauta para las propuestas competitivas (no se incentiva a los proveedores a proponer términos y condiciones atractivos si no hay suficiente información contextual).

La participación de las partes interesadas (autoridades contratantes, proveedores, agencias de auditoría) en la definición de la estructura de la licitación también podría ayudar a fomentar convenios marco inclusivos lo que representaría beneficios y una mayor eficacia adicional (mayor cobertura, mejor coordinación y devolución).

Figura 2.2. Evaluación de los lados de demanda y oferta

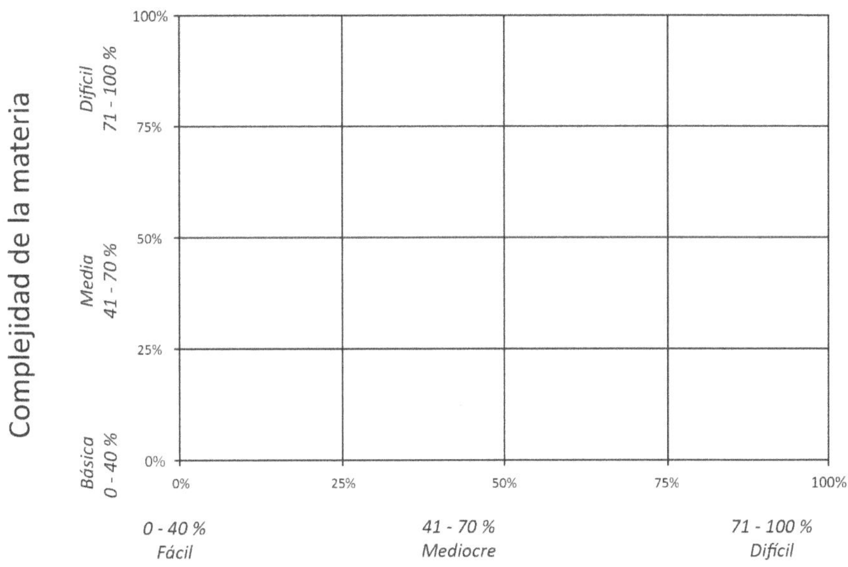

Fuente: OCDE (2014), "*Manual on Framework Agreements*" (Manual sobre convenios marco)

La Figura 2.2 ilustra desde una perspectiva diferente los principios primordiales que permiten la evaluación de la factibilidad de la implementación de convenios marco. Sumado a la información que se relaciona con la cantidad de compras y órdenes, los OCC deben calcular la complejidad de la materia tanto desde la perspectiva de las autoridades contratantes (AC) como en términos de las características de los productos. También deben evaluar la gestionabilidad del lado de oferta al evaluar las capacidades del mercado y la estructura de la industria.

En línea con la Recomendación sobre contratación pública de la OCDE, las partes externas interesadas pueden participar en la definición de la estrategia de compra. Una opción es que las autoridades de compra se beneficien de los estudios de mercado existentes que autoridades de competencia ya hayan realizado. Por ejemplo, las autoridades de competencia de Perú han desarrollado estudios de mercado en áreas específicas. Se realizaron varios estudios de mercado en los últimos cinco años, incluso sobre la competencia en las compras públicas a nivel regional, el mercado nacional para las aerolíneas comerciales, el sistema de salud, el mercado del servicio de notario, el mercado móvil y la distribución de gas natural (OCDE, 2015c).

Implementar convenios marco es una elección estratégica que se basa en un análisis completo

De acuerdo con la Encuesta, todos los países dedican esfuerzos a la etapa de análisis de la demanda antes de implementar un nuevo convenio marco o renovar uno existente. Si consideramos la arquitectura global de este instrumento de compra, se podrían encontrar fuentes de información en sistemas de compras electrónicos o al realizar entrevistas o reuniones con autoridades contratantes o proveedores.

La consulta a las autoridades contratantes se considera como la mejor práctica por todos los países que han respondido a la Encuesta. No obstante, esta práctica es obligatoria solo para el 9 % de los encuestados. En Nueva Zelanda e Italia este proceso de consulta sigue una metodología uniforme para todos los convenios marco o se informa en un formato estandarizado. En Chile, solo se prevé un cronograma específico para la consulta de autoridades contratantes para el caso de nuevos convenios marco.

Figura 2.3. Información reunida para definir futuras necesidades

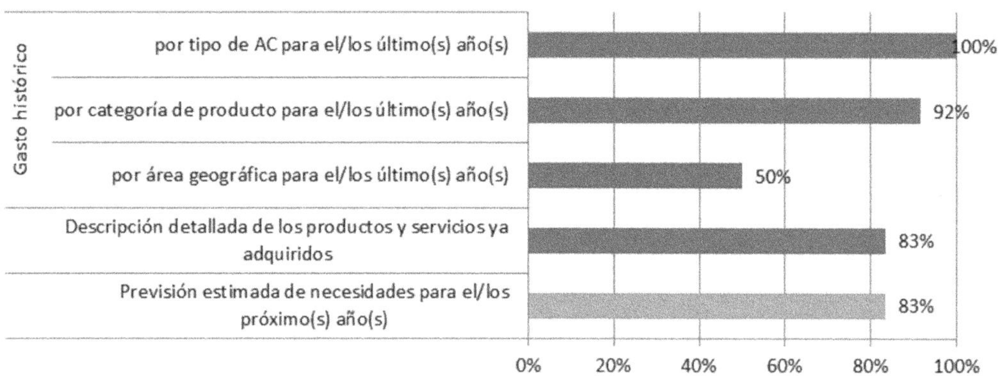

Nota: el color celeste claro indica donde Chile no forma parte.

Fuente: Encuesta de la OCDE sobre convenios marco centralizados.

La información histórica de las compras en sistemas electrónicos es también comúnmente utilizada para ayudar a definir las necesidades futuras. Esta información se reúne a través de sistemas electrónicos centralizados de compras como en Francia, o con la asistencia de autoridades externas que supervisan el gasto público, como la autoridad anticorrupción en Italia (ANAC).

En paralelo a calcular las necesidades desde una perspectiva financiera, los organismos centrales de compra en los países miembros de la OCDE encuestados están realizando debates y análisis para estructurar la demanda de las autoridades contratantes. Casi dos tercios de los encuestados indican que están en contacto con las autoridades contratantes más importantes para obtener información detallada sobre sus tendencias y patrones de compra.

Aunque se consulta frecuentemente a los proveedores, un análisis de su desempeño anterior se realiza con menor frecuencia en la etapa de análisis de la demanda.

Figura 2.4. Medidas implementadas en la etapa de análisis de la demanda

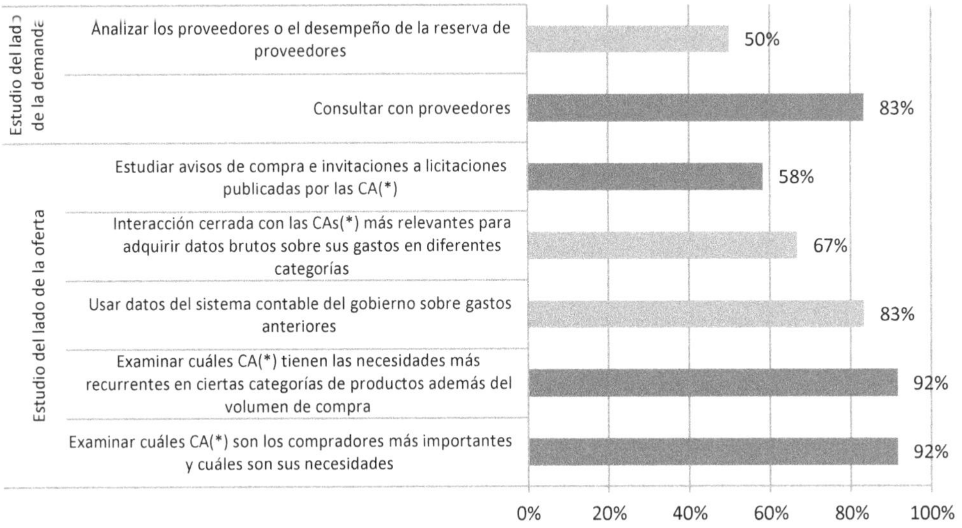

Estudio del lado de la demanda
Analizar los proveedores o el desempeño de la reserva de proveedores
50%
Consultar con proveedores
83%
Estudio del lado de la oferta
Estudiar avisos de compra e invitaciones a licitaciones publicadas por las CA(*)
58%
Interacción cerrada con las CAs(*) más relevantes para adquirir datos brutos sobre sus gastos en diferentes categorías
67%
Usar datos del sistema contable del gobierno sobre gastos anteriores
83%
Examinar cuáles CA(*) tienen las necesidades más recurrentes en ciertas categorías de productos además del volumen de compra
92%
Examinar cuáles CA(*) son los compradores más importantes y cuáles son sus necesidades
92%
0%
20%
40%
60%
80%
100%

Nota: el color celeste claro indica donde Chile no forma parte. (*) CA significa autoridades contratantes.

Fuente: Encuesta de la OCDE sobre convenios marco centralizados.

Más del 50% de los consultados por la encuesta de la OCDE desarrolla un análisis de costos y beneficios para identificar si un convenio marco es la ruta de compra más eficiente. Con base en las experiencias de los países, este estudio de factibilidad engloba análisis de las estructuras y los patrones del lado de la demanda y de la oferta, la existencia de productos alternativos o el nivel de competencia del mercado.

Figura 2.5. Desarrollo de estudio de factibilidad para cada Convenio Marco

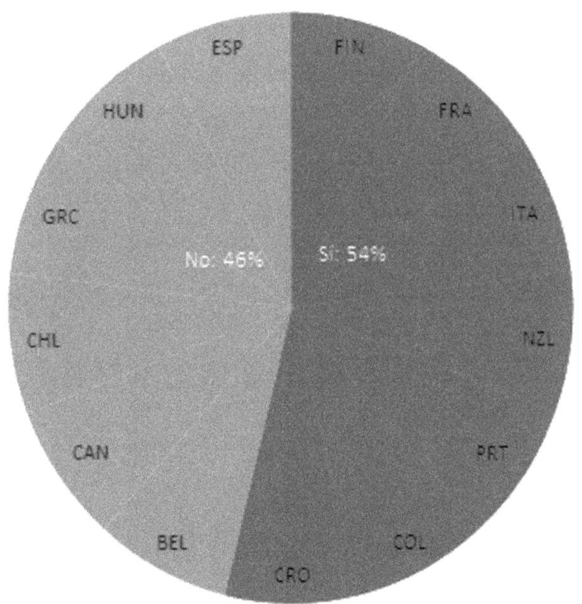

ESP
HUN
GRC
CHL
CAN
BEL
No: 46%
Sí: 54%
FIN
FRA
ITA
NZL
PRT
COL
CRO

Fuente: Encuesta de la OCDE sobre convenios marco centralizados

Aunque la mayoría de los encuestados implementan estudios de factibilidad según la naturaleza de los bienes o servicios, algunos países han desarrollado un proceso más formalizado. Por ejemplo, Finlandia ha desarrollado una plantilla para los estudios de factibilidad (ver Anexo B). Nueva Zelanda institucionalizó un proceso de revisión para cada categoría de productos.

En la fase previa a la convocatoria, evaluar la capacidad de respuesta del mercado ayuda a maximizar la eficienciade los convenios marco

Las estrategias de compra correctas que son adaptadas a la naturaleza y las especificaciones de los convenios marco en el contexto chileno podrían respaldar un uso más eficiente de este instrumento legal e incrementar sus beneficios para ambos lados, la demanda pública y la oferta privada.

Ante las prácticas de los países miembro de la OCDE y el entorno operativo en Chile, se pueden implementar progresivamente más pasos para diseñar estrategias de compra que permitan el uso eficaz y eficiente de convenios marco. No obstante, antes de hacerlo, los estudios de factibilidad diseñados de conformidad con los objetivos globales de ChileCompra podrían ayudar a decidir si un convenio marco es la herramienta de compra más adecuada para responder a la demanda pública.

ChileCompra podría desarrollar estudios de factibilidad para guiar su decisión de implementar convenios marco

De conformidad con el Artículo 30 d) de la Ley sobre Compras públicas, los convenios marco se implementan con base en la decisión discrecional de ChileCompra o luego de la solicitud de una o más autoridades contratantes. Sin embargo, el Artículo 14 del Reglamento sobre compras públicas detalla adicionalmente que la implementación de convenios marco siempre está sujeta a una evaluación de oportunidad realizada por ChileCompra. Esta última tiene el poder discrecional de decidir si es adecuado o no implementar un instrumento de compra. Los países miembros de la OCDE utilizan varios instrumentos de compra que están a la par de los convenios marco.

Figura 2.6. Uso de herramientas innovadoras de compra en el gobierno central (2012)

	Convenio marco	Contratos con opciones	Sistemas de precalcificación	Subastas inversas electrónicas
Australia	☒	☒	☒	☒
Austria	■	■	☒	□
Bélgica	□	□	□	□
Canadá	■	■	■	□
Chile	■	□	☒	□
República Checa	■	☒	■	☒
Dinamarca	■	■	■	☒
Estonia	■	□	□	□
Finlandia	☒	☒	☒	☒
Francia	☒	☒	□	□
Alemania	■	■	☒	□

Figura 2.6. Uso de herramientas innovadoras de compra en el gobierno central (2012)
(continuación)

	Convenio marco	Contratos con opciones	Sistemas de precalcificatión	Subastas inversas electrónicas
Hungría	⊠	⊠	⊠	⊠
Islandia	■	⊠	⊠	□
Irlanda	■	□	□	□
Israel	■	■	⊠	■
Italia	■	■	⊠	□
Japón	□	⊠	■	⊠
Corea	⊠	⊠	■	□
Luxemburgo	⊠	□	□	□
México	■	□	□	●
Países Bajos	■	■	□	□
Nueva Zelanda	⊠	⊠	⊠	□
Noruega	■	■	⊠	□
Polonia	⊠	⊠	□	⊠
Portugal	■	□	■	⊠
Eslovaquia	■	⊠	⊠	■
Eslovenia	■	⑥	⑤	❄
España	■	❄	❄	□
Suecia	⊠	⊠	⊠	□
Turquía	■	■	■	□
Reino Unido	■	□	■	□
Estado Unidos	■	⊠	⊠	⊠
Total OCDE				
■	22	10	10	3
⊠	9	14	15	11
□	2	9	8	19

■ La herramienta se usa rutinariamente en todas las entdades de compra

⊠ La herramienta se usa rutinariamente en algunas entidades de compra

□ La herramienta no se usa de forma rutinaria

Fuente: OCDE (2013b), "Innovative tools in public procurement" (Herramientas innovadoras en las compras públicas), en Government at a Glance 2013 (Panorama de las administraciones públicas 2013), OECD Publishing. http://dx.doi.org/10.1787/gov_glance-2013-45-en.

La decisión sobre la implementación de los convenios marco está sujeta a un análisis de costos y beneficios. La evaluación de costos depende en gran medida de la comprensión y la valoración correcta que tenga el OCC de las tareas administrativas necesarias para preparar, adjudicar y gestionar este instrumento. Las categorías de productos con una gran reserva de proveedores y que son propensas a actualizaciones o modificaciones regulares en los productos, incrementarán directamente el costo general de este instrumento de compra.

Aunque la evaluación de costos sigue una metodología en cierto modo idéntica, los beneficios de un convenio marco podrían ser multidimensionales dependiendo de los objetivos generales del OCC hacia su creación. Si los principales objetivos se relacionan con la inclusión del sistema, es decir proporcionan oportunidades de negocios para la mayor cantidad de proveedores posible, es probable que los beneficios incluyan una evaluación de la concentración del mercado en la categoría específica del producto. Las actividades deberían incluir un análisis de los gastos de compra anteriores concentrándose en la cantidad de autoridades contratantes que han comprado los bienes o servicios correspondientes.

Si los objetivos se inclinan hacia el aumento de la eficacia del gasto público y la generación de economías de escala, los beneficios se encontrarán en el potencial de los acuerdos marco de agrupar un gran volumen de gasto de compras y de estructurar la demanda interna. En este sentido, la homogeneidad de productos tiene un papel central respecto de la capacidad de los convenios marco de agrupar eficazmente la demanda. Para aquellas categorías de productos en las que hay un gran rango de bienes o servicios disponibles, es probable que recurrir a los convenios marco no produzca los efectos esperados en las economías de escala. Los beneficios vinculados con la agrupación de la demanda, podrían impulsar el poder adquisitivo y contribuir con los objetivos más amplios de la política, tales como el desarrollo de programas de gobierno abierto. La ausencia de políticas de compras centralizadas y coordinadas para la compra de hardware informático podría obstaculizar este tipo de iniciativa, como ha sido evidenciado en Finlandia.

ChileCompra podría promocionar una estructura regional para convenios marco específicos con el fin de fomentar la competencia y el fácil acceso a oportunidades de compras a pequeñas y medianas empresas (PYMES)

Aunque el llamado a licitación permite que los licitadores seleccionen regiones en las cuales proponen operar, ChileCompra podría incorporar además aspectos regionales en la documentación de la licitación donde considere que corresponda. Transformar un requisito operativo en un elemento de estructuración de la licitación podría proporcionar varios beneficios.

La distribución regional de órdenes en virtud de convenios marco podría indicar heterogeneidad geográfica en términos de las necesidades de las autoridades contratantes en Chile (Figura 2.7). Mientras el área metropolitana de Santiago (región XIII) genera casi la mitad de las órdenes en términos de número, lo que refleja la concentración de autoridades contratantes en la capital, Bio-Bio (región VIII), cuya superficie es menos del 25 % de la superficie de Magallanes (región XII) pide el triple de productos en virtud de este convenio marco.

Figura 2.7. Distribución regional de órdenes de compra (OC) en virtud de CM para accesorios de vehículos, neumáticos y servicios asociados

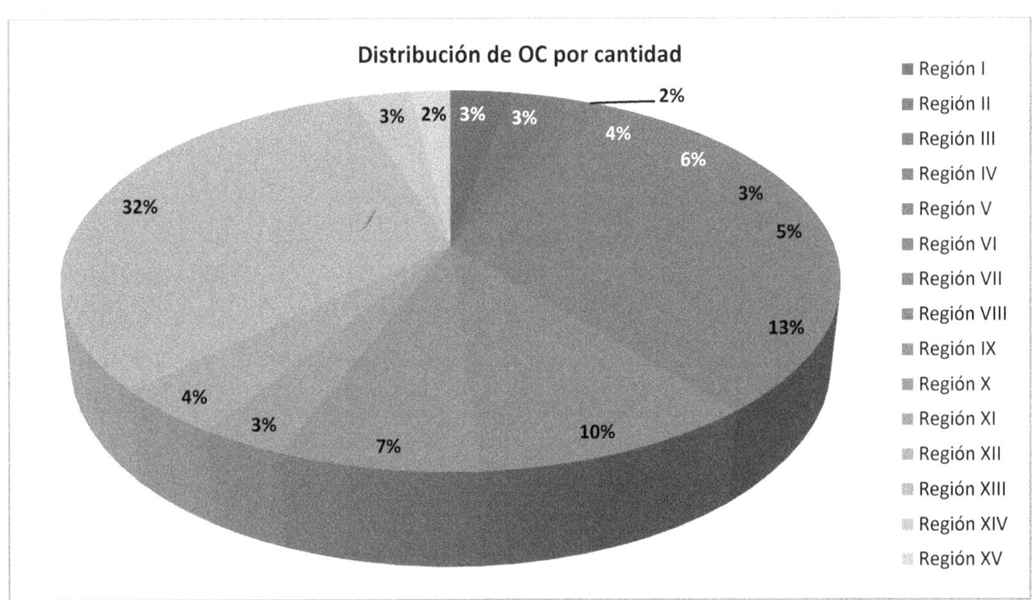

Fuente: análisis de la OCDE basado en información proporcionada por ChileCompra (2012 a 2015)

Cuando observamos la distribución de proveedores, solo un 22 % de los proveedores opera en las 15 regiones y la mayoría opera en solo unas pocas regiones. Además, casi un 40 % de los proveedores opera en solo 1 región (Figura 2.8) y esta tendencia se puede observar para bienes y servicios. Respaldados con análisis más detallados sobre la distribución de los proveedores, estos elementos podrían proporcionar datos sobre la estructura del mercado y las necesidades de las autoridades contratantes que permitan una estructura regional de licitaciones a medida.

Figura 2.8. Regiones en las cuales operan los proveedores (2015)

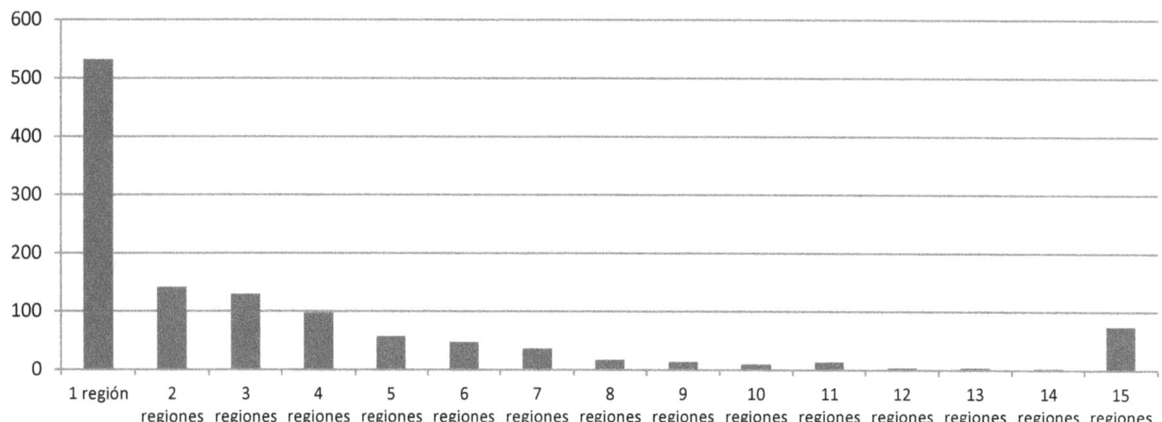

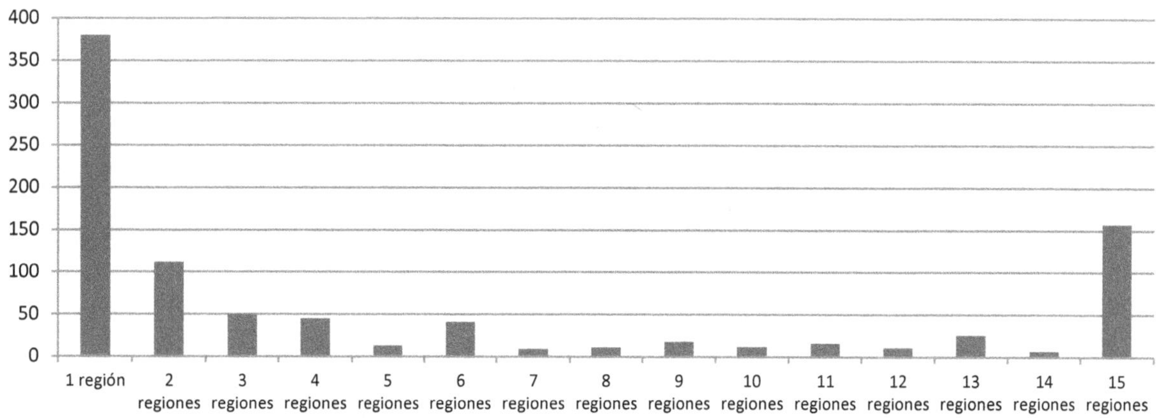

Fuente: información proporcionada por ChileCompra

Los esfuerzos en esta dirección también podrían ayudar a integrar objetivos secundarios equilibrados de la política, como sostenibilidad, consideraciones ambientales o la participación de PYMES, en los procesos de compra que conducen a la adjudicación de convenios marco. No obstante, un análisis minucioso del mercado sería esencial para respaldar los posibles beneficios.

Al desglosar las necesidades de compra en lotes regionales, ChileCompra podría fomentar la participación de PYMES en el proceso competitivo de compra correspondiente. De otro modo, las PYMES podrían no ser capaces o no estar interesadas en participar. Por ejemplo, decidir estructurar la documentación de la licitación en relación con el suministro de alimentos crudos en lotes regionales implicará una estrategia de compra dirigida a los productores locales y no a los distribuidores. Siempre y cuando la estructura de mercado y las tendencias comerciales respalden esta decisión, fomentaría además el acceso para las PYMES a oportunidades de compra pública y también introduciría consideraciones ambientales.

No obstante, estos esfuerzos deberían tomar en debida consideración la posible licitación fraudulenta o licitación colusoria. La licitación fraudulenta se produce cuando las "empresas, que se espera que compitan, conspiran en secreto para elevar los precios o disminuir la calidad de los bienes o servicios para los compradores que desean adquirir productos o servicios a través de un proceso de licitación".[1] Dividir las licitaciones en lotes regionales administrativos podría favorecer la asignación de mercados mediante la cual los licitadores deciden en secreto no competir en ciertas áreas geográficas.

La Recomendación de la OCDE para combatir la colusión en la contratación pública proporciona orientación a los empleados públicos de compras sobre cómo diseñar las licitaciones públicas para reducir la colusión (lista de verificación de diseño). En particular sugieren reducir la previsibilidad en el diseño de las licitaciones. Por lo tanto, una división en áreas geográficas que no sigue la división administrativa del país, sino divisiones regionales del mercado, cuando corresponda, según la asignación geográfica de la demanda y oferta podría ayudar a minimizar la ocurrencia de este comportamiento.

ChileCompra podría considerar adaptar la duración de los convenios marco según la complejidad y las tendencias del mercado

La mayoría de los convenios marco existentes implementados por ChileCompra duran seis años, plazo que es relativamente largo, según un ejercicio reciente de valoración comparativa. En la Unión Europea, la duración máxima de los convenios marco es de cuatro años, salvo por circunstancias excepcionales. Una duración inicial podría ser de dos a tres años, con la posibilidad de hasta 2 prolongaciones de un año, según el desempeño, el logro de los objetivos o la necesidad de actualizar el instrumento. Durante este tipo de plazos cerrados de convenios marco, la competencia está bloqueada y no pueden ingresar proveedores adicionales al convenio.

Definir la duración de un convenio marco continúa la búsqueda de un equilibrio, iniciada cuando se evaluaba la necesidad de crearlo, entre el tiempo y los recursos necesarios para su implementación y los beneficios que puede brindar. Por un lado, una duración corta proporcionaría actualizaciones regulares de mercado que permitirían que los organismos centrales de compra estén constantemente al corriente de las tendencias y los desarrollos del mercado. No obstante, una duración corta podría limitar el atractivo para los proveedores y ampliar los costos de procesamiento para el Organismo central de compras. Por el otro, una duración más larga podría fomentar el desarrollo de relaciones contractuales estables que brinden ganancias potenciales mayores para los proveedores y mayor poder adquisitivo público. Sin embargo, una duración larga podría generar ofertas desactualizadas que serían menos atractivas para los usuarios finales o conllevarían actualizaciones adicionales de productos innecesarias.

Encontrar cuidadosamente un equilibrio entre las decisiones sobre la duración de los convenios marco según la naturaleza de la categoría de productos (rápida obsolescencia, inversión inicial requerida, ingreso de nuevos proveedores) y la estructura del mercado correspondiente (competencia, apertura) es, por lo tanto, esencial. ChileCompra podría tomar en cuenta estos dos criterios cuando evalúe la duración óptima de sus convenios marco.

En los países de la UE se ha estado desarrollando una práctica levemente diferente que permite la posibilidad de que los proveedores unan instrumentos de compra colaborativos existentes siempre y cuando respondan a requisitos mínimos. Sin embargo, este instrumento de compra se refiere a un sistema de compra dinámico (o convenios marco abiertos en algunas jurisdicciones), y es diferente de los convenios marco en el contexto europeo. Opuesto a los convenios marco, los sistemas de compra dinámicos solo solicitan a los proveedores que cumplan con requisitos técnicos en la etapa de competencia inicial. La segunda etapa de competencia luego da lugar a la competencia entre proveedores en aspectos financieros. Esos dos instrumentos no son exclusivos y con frecuencia proporcionan opciones suplementarias para responder a la compra colectiva del gobierno.

Con base en las características de los mercados y los productos, ChileCompra puede considerar implementar estrategias dirigidas a diferenciar los instrumentos. Esto puede fomentar más la participación de proveedores, donde cumplir con requisitos técnicos es suficiente para identificar proveedores adecuados. Los puntos de entrada durante el plazo del convenio se pueden definir de modo tal que permitan la participación de proveedores adicionales.

Un análisis estratégico podría respaldar elecciones relacionadas con la agrupación y racionalización de la demanda, lo que incrementaría los niveles de compra de ChileCompra.

Los convenios marco se usan comúnmente como herramienta de compra estratégica para fomentar la agrupación y racionalización de la demanda. Al consolidar necesidades de usuarios finales, los organismos centrales de compra pueden aprovechar un aumento global del volumen para obtener propuestas más competitivas de los proveedores. Esto, no obstante, conlleva la necesidad de tener más visibilidad sobre el gasto de compras.

Recuadro 2.2. Agrupar la demanda en Australia

El gobierno de Australia Occidental desarrolló ocho principios de compra más inteligentes para ayudar a orientar al sector público hacia la toma de mejores decisiones de compra, la implementación de buenas prácticas y el logro de una buena relación entre calidad y precio. Estos principios se ilustran en casos de estudio relacionados con proyectos asumidos por una de las agencias estatales.

El Centro regional de compras de Goldfields Esperance ha iniciado un acuerdo de compra grupal para viajes en aerolíneas dentro de la región de Goldfields. El establecimiento de un acuerdo de compra grupal ha:

- identificado un contratista con condiciones y tarifas fijas;
- incorporado las necesidades de muchas agencias;
- identificado el gesto real y
- reducido el tiempo perdido en la reserva de servicios individuales.

Proceso de contratación y compra anterior

Antes del contrato conjunto, no había ningún acuerdo sobre viajes aéreos implementado en la región de Goldfields. Como tales, las agencias debían buscar sus propias cotizaciones competitivas cuando surgía la necesidad. Operaban de forma aislada y no sabían lo que habían hecho otras agencias en el pasado con las mismas necesidades o qué precios habían pagado.

Este proceso consumía tiempo y era ineficiente, ya que derrochaba una cantidad de tiempo considerable del personal de la agencia que podía utilizarse de mejor forma. Además, como había una comprensión mínima del gasto incurrido por cada agencia, no se podía aprovechar el potencial de una compra de gran volumen.

Proceso de contratación y compra cambiado

Los miembros del consejo local de clientes observaron que las agencias gastaban una cantidad considerable de tiempo y dinero al alquilar servicios aéreos para viajar en la región de Goldfields.

Recuadro 2.2. Agrupar la demanda en Australia *(continuación)*

No se sabía mucho acerca de cuál era el gasto real, aunque las estimaciones estaban alrededor de los AUD 200 000 por año. Hubo un reconocimiento de los posibles beneficios que tendría implementar un acuerdo de compra grupal. Esto permitiría que todas las agencias de la región accedan a un contrato, lo que permitiría que la compra se realice de forma más rápida y a un precio establecido anteriormente. Dos grandes usuarios, los Departamentos de Educación y Servicios Correctivos (DoE), además de otros usuarios regionales, redactaron el acuerdo de compra grupal. Se consideraron los requisitos de las aeronaves, las regulaciones y capacidades locales de proporcionar servicios.

Como parte de un proceso de licitación abierta, el Centro Regional de Compras buscó ofertas de operadores de aviación calificados, experimentados y con habilidades para que proporcionaran la gestión, la operación y el mantenimiento continuos de los servicios de alquiler de aeronaves para agencias del gobierno estatal en toda la región de Goldfields.

Mejores resultados

Al agrupar los servicios de viajes aéreos y crear un solo contrato que podrían usar todas las agencias que precisen viajar en la región de Goldfields, el Centro Regional de Compras ha abierto la comunicación entre las agencias que ordinariamente funcionan de forma aislada.

"Descubrimos que muchas agencias necesitaban este servicio y que muchas agencias estaban replicando el trabajo que ya habían hecho otras", dijo Robert Tagliaferri, Gerente superior de compras. "Al hablar con unas pocas, pudimos extraer los requisitos generales y realizar un único contrato que abordara las necesidades de todos", dijo.

"Algunas de las condiciones que hemos establecido alientan a las agencias a que hablen más entre ellas", dijo Robert. "Por ejemplo, si el DoE solo tiene dos personas que necesitan ir a una ciudad en particular, pero un vuelo requiere seis pasajeros, puede contactar a algunas de las otras agencias para ver si también necesitan volar".

El nuevo contrato también implica que si una agencia tiene suficiente gente para completar un vuelo, simplemente puede reservar al proveedor contratado en lugar de perseguir numerosas cotizaciones, lo que ahorra una cantidad significativa de tiempo y esfuerzo.

El acuerdo de compra grupal también ha sido exitoso al momento de determinar exactamente cuánto dinero se está gastando en viajes aéreos regionales. "Originalmente pensamos que el contrato valdría unos AUD 600 000 para un lapso de tres años", dijo Robert. "Pero cuanto más investigábamos y analizábamos, más subía la cifra".

De hecho, el cálculo original ha superado el triple para ser ahora AUD 600 000 por año y el análisis del gasto actual ha indicado un valor contractual de AUD 1 800 000 para un lapso de tres años.

Beneficios

Al crear este contrato como un acuerdo conjunto, el Centro Regional de Compras de Goldfields Esperance ha:

- creado un único contrato con precios fijos;
- reducido el nivel de esfuerzo de compra duplicado;
- identificado un área de gasto gubernamental significativo;
- abordado las necesidades de muchas agencias y
- fomentado una mejor relación de trabajo entre las agencias.

Fuente: gobierno de Australia Occidental, Compras Gubernamentales, Departamento de Tesorería y Finanzas (2010), "*Better Practice in Procurement, Case Studies*" (Buena práctica en compras, estudios de casos) disponible en www.finance.wa.gov.au/cms/uploadedFiles/_Procurement/News/case_study_book.pdf?n=4582 consultado el 27 de enero de 2016.

Las autoridades contratantes del gobierno en Chile están obligadas a usar convenios marco centralizados establecidos por ChileCompra de conformidad con el Artículo 30, inciso d) de la Ley sobre Compras públicas. Aunque las municipalidades, el ejército y las fuerzas policiales no tienen obligación de usar convenios marco centralizados, podrían adherirse voluntariamente y beneficiarse de los productos y servicios ofrecidos.

Una excepción al uso obligatorio de convenios marco por parte de las entidades gubernamentales yace en la identificación de bienes o servicios similares con condiciones más competitivas afuera de los convenios marco. Esta excepción, además del uso voluntario por parte de entidades públicas específicas, aboga por la consolidación más amplia posible de las necesidades.

Figura 2.9. Cobertura de los convenios marco (2014)

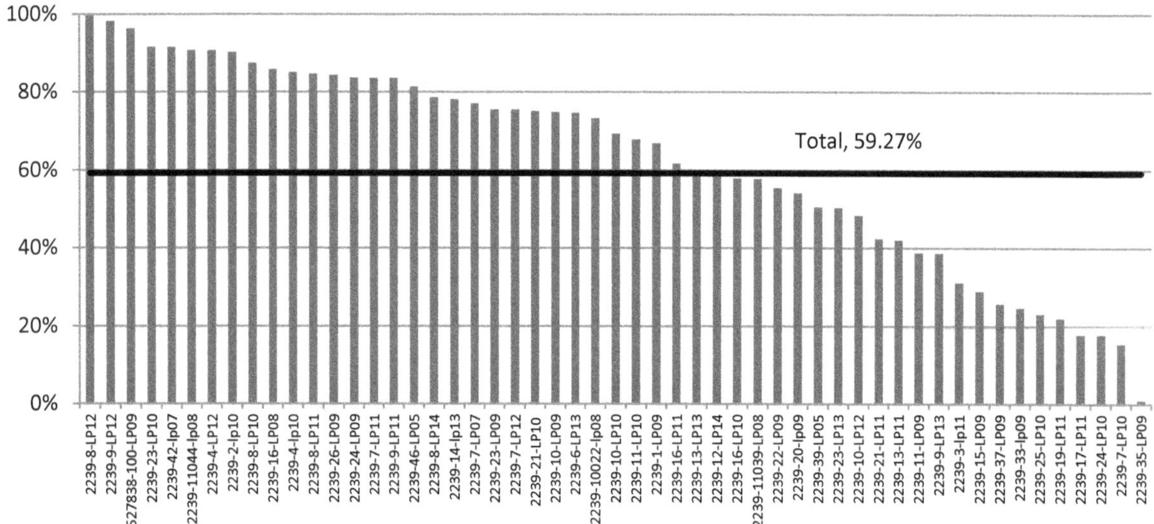

Nota: cada barra representa convenios marco para diferentes bienes y servicios de ChileCompra

Fuente: información proporcionada por ChileCompra

En promedio, los convenios marco existentes en Chile cubrieron alrededor del 59 % del gasto público correspondiente en 2014. Aunque alcanzar el 100 % de la cobertura de las necesidades parece poco realista, algunas categorías de productos están quedando significativamente debajo del promedio, tales como el acuerdo marco que se relaciona con centro de datos y servicios asociados (17,85 %) o servicios de capacitación y educación (28,92 %).

Esto plantea dos preguntas. La primera se relaciona con la evaluación de la relación entre costos y beneficios, que es la base sobre la cual se toma la decisión de implementar convenios marco. Esos instrumentos conllevan costos administrativos que derivan de los esfuerzos de gestión e implementación. Estos costos deben ser compensados por los beneficios proporcionados a los usuarios finales en términos de facilidad y rapidez de las operaciones de compra. Un bajo nivel de cobertura del gasto público podría indicar convenios marco disfuncionales, lo que cuestiona la validez de esta asunción.

La segunda inquietud se refiere al proceso y a la cantidad de información que se relaciona con las necesidades de las autoridades contratantes y las capacidades del mercado. Un análisis global del mercado podría proporcionarle a ChileCompra perspectivas valiosas sobre concentración de mercado y principales tendencias en sectores específicos sujetos a la implementación de convenios marco. Como parte de este análisis, ChileCompra podría beneficiarse más de estudios de mercado realizados por la autoridad chilena de la competencia (Fiscalía Nacional Económica, FNE).

El correcto diseño de estrategias de convenio marco recurre en gran medida a un análisis minucioso de los gastos de compra y sus patrones. Procesos bien establecidos en la etapa de análisis de la demanda le proporcionarían a ChileCompra perspectivas útiles sobre comportamientos y expectativas de usuarios finales que respaldarían una mayor cobertura de los convenios marco.

Figura 2.10. Patrones de compra de las autoridades contratantes en virtud de los convenios marco

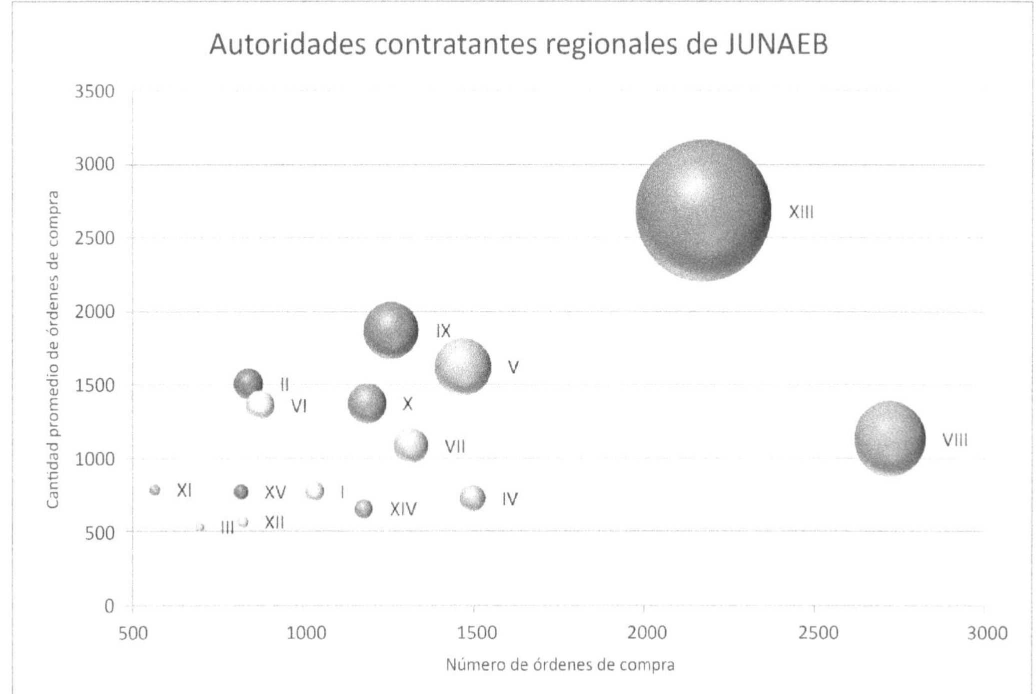

Nota: el tamaño de los círculos representa el volumen total de órdenes de compra, en términos de valor.

Fuente: análisis realizados por la OCDE con base en www.analiza.cl para las órdenes de compra emitidas en virtud de convenios marco entre 2008 y 2015.

La Junta Nacional de Auxilio Escolar y Becas (JUNAEB) incluye autoridades contratantes regionales. Proporciona un ejemplo de una institución nacional que está estructurada en diferentes autoridades contratantes regionales, e ilustra los desafíos y oportunidades para la implementación de decisiones de compra coordinadas. Como se muestra en la Figura 2.10, los patrones de compra difieren substancialmente en términos de número de órdenes de compra y cantidad promedio de órdenes de compra. Esta información podría alimentar diferentes análisis sobre comportamientos de compra que resultan en órdenes de compra de alta frecuencia y bajo valor.

Al poner más énfasis en el análisis de la demanda, ChileCompra podría impulsar estratégicamente el uso de convenios marco, lo que resultaría en una mayor consolidación de las compras. No obstante, estos esfuerzos necesitarían la movilización de suficientes recursos en número y habilidades. Considerando la descentralización de las compras en virtud de los convenios marco y la ausencia de la integración de la plataforma gestionada por ChileCompra con el sistema público de gestión financiera, este trabajo debe iniciarse con suficiente antelación al proceso de compra.

Por esta razón, puede ser recomendable probar el impacto de estos esfuerzos en la cobertura y eficacia general de los convenios marco de un proyecto piloto. Por ejemplo, los convenios marco que experimentan una cobertura más baja del gasto público podrían estar sujetos a un mayor análisis de la demanda para adaptar la estrategia de compra. Los resultados de este análisis ayudarían a ChileCompra a abordar las debilidades identificadas en el ciclo anterior.

Referencias

Albano, G. L., A. Ballarin y M. Sparro (2010), "*Framework Agreements and Repeated Purchases: the Basic Economics and a Case Study on the Acquisition of IT Services*" (convenios marco y compras repetidas: economía básica y un estudio de caso de adquisición de servicios informáticos), Journal of Public Procurement.

CCE (Colombia Compra Eficiente) (2014), "Guía para la elaboración de estudios de sector", https://www.colombiacompra.gov.co/sites/default/files/manuales/cce_guia_estudio_sector_web.pdf.

Church y Ware (2000), "*Industrial Organisation, A strategic approach*" (Organización industrial, un enfoque estratégico), Mc Graw-Hill.

Gobierno de Australia Occidental, Compras Gubernamentales, Departamento de Tesorería y Finanzas (2010), "*Better Practice in Procurement, Case Studies*" (Buena práctica en compras, estudios de casos) disponible en www.finance.wa.gov.au/cms/uploadedFiles/_Procurement/News/case_study_book.pdf?n=4582, consultado el 27 de enero de 2016.

Nollet y Beaulieu (2005), "*Should an organisation join a purchasing group?*" (¿Las organizaciones deberían unirse a un grupo de compras?), Supply Chain Management.

OCDE (2016), "*Towards Efficient Public Procurement in Colombia: Making the Difference*" (Hacia una contratación pública eficiente en Colombia: marcar la diferencia), Estudios de la OCDE sobre Gobernanza Pública, OECD Publishing, París. http://dx.doi.org/10.1787/9789264252103-en.

OCDE (2015a), Recomendación del consejo sobre contratación pública. www.oecd.org/gov/ethics/OCDE-Recomendacion-sobre-Contratacion-Publica-ES.pdf

OECD (2015b), Competencia y estudios de mercados en América Latina: los casos de Chile, Colombia, Costa Rica, México, Panamá y Perú, OECD Publishing, París, www.oecd.org/daf/competition/competencia-y-estudios-de-mercado-en-america-latina%202015.pdf.

OCDE (2014), "*Manual on Framework Agreements*" (Manual sobre convenios marco).

OCDE (2013a), "*Implementing the OECD Principles for Integrity in Public Procurement: Progress since 2008*" (Implementar los principios de la OCDE para la integridad en las compras públicas: progreso desde 2008), Estudios de la OCDE sobre Gobernanza Pública, OECD Publishing.

OCDE (2013b), "Innovative tools in public procurement" (Herramientas innovadoras en las compras públicas), en Government at a Glance 2013 (Panorama de las administraciones públicas 2013), OECD Publishing, http://dx.doi.org/10.1787/gov_glance-2013-45-en.

OECD (2012), Recomendación del Consejo de la OCDE para combatir la colusión en la contratación pública. www.oecd.org/daf/competition/Recommendation_fighting-bid-rigging-2012-ES.pdf.

Capítulo 3.

Mejorar la competencia para maximizar los beneficios de los convenios marco

Como una buena relación entre calidad y precio es el principal objetivo de la compra pública, los países tienen que desarrollar un entorno que sea propicio para la competencia al reducir la asimetría de la información entre las autoridades contratantes y los operadores económicos, pero también al concientizar sobre las oportunidades de compra. Este capítulo analiza cómo ChileCompra podría mejorar la competencia y, así, la eficiencia de los convenios marco al momento de ser diseñados, al fomentar el involucramiento temprano con proveedores, desarrollar la capacidad de la fuerza laboral de compras públicas, la normalización de bienes y servicios y reducir la cantidad de operadores económicos adjudicados.

La creación de un entorno propicio para la competencia es necesaria para atraer y retener a los mejores proveedores

La compra pública implica el gasto de grandes sumas de dinero público, y dada su magnitud, puede tener un impacto en la estructura y el funcionamiento de la competencia en un mercado. El principal objetivo de una política efectiva de compras es el fomento de la eficiencia y el alcance de la mejor relación entre calidad y precio.

El convenio marco es un instrumento de compra ampliamente utilizado para ayudar a abordar estos objetivos. Por lo tanto, cualquier autoridad contratante u Organismo central de compra (OCC) que desarrolle o gestione convenios marco necesita crear y garantizar un entorno competitivo. Una fase correcta de planificación, basada en un análisis pormenorizado de la demanda que va de la mano de una investigación, y un análisis correcto del mercado serán factores clave para el éxito del convenio marco. Los documentos y las especificaciones de las licitaciones deberían, como regla general, ser claras, amplias, no discriminatorias y tener un enfoque en el desempeño funcional. La eficacia del proceso de compra depende del modelo de licitación adoptado y de cómo está diseñada la licitación, así como de diferentes mecanismos que favorecen un entorno competitivo, incluso el involucramiento temprano de proveedores y autoridades contratantes, y la normalización adecuada de bienes y servicios, que se abordan en mayor detalle en este capítulo.

En comparación con una autoridad contratante, un OCC que opera un convenio marco tiene más impacto en el mercado, especialmente donde está sujeto al uso obligatorio por parte de las autoridades contratantes. Para asegurarse de que los convenios marco están diseñados y se implementan de forma correcta y que las necesidades de la demanda y de la oferta se satisfacen adecuadamente, los proveedores y las autoridades contratantes deberían participar en diferentes etapas de la licitación.

Hay dos razones principales que podrían explicar los beneficios de involucrar a los proveedores en diferentes etapas del convenio marco:

1. Reducción de la asimetría de la información.
2. Conocimiento de las oportunidades de compra.

En el contexto de problemas entre agente y mandante, la asimetría de la información asume que al menos una parte de la transacción tiene información relevante, mientras que la otra no la tiene. El problema surge cuando las dos partes tienen diferentes intereses y cuando el agente (un proveedor) tiene más información que el mandante (el OCC); significa que el mandante no puede garantizar directamente que el agente esté siempre actuando en pos de los mejores intereses del mandante.

En las compras, se reconoce que los proveedores tienen más información que el OCC sobre sus costos, precios, tendencias de mercado, productos o servicios y sus sustitutos. Por lo tanto, reunirse con una muestra representativa de proveedores podría ayudar a reducir el vacío de información entre el OCC y los proveedores al recolectar información más creíble y actualizada del mercado. Un ejemplo de esto puede ser encontrado en el convenio marco sobre servicios de limpieza en Croacia (Recuadro 3.1).

Recuadro 3.1. Un enfoque colaborativo y de suministro estratégico: servicios de limpieza en Croacia

Los servicios de limpieza fueron una categoría adecuada para dividirse en regiones y, por lo tanto, para crear un convenio marco. Se realizó una investigación de mercado para obtener conocimientos sobre las especificidades relacionadas con los servicios de limpieza.

Se contactaron a los proveedores clave de servicios de limpieza y se abordaron sus experiencias. Este fue un paso obligatorio antes de comenzar con la agrupación de la demanda, dado que los empleados públicos a cargo del procedimiento de compra debían comprender cómo formular las tablas para la agrupación de la demanda, qué datos debían solicitar, etc.

El equipo de compra aprendió sobre la clasificación del espacio, los tipos de servicios de limpieza, el porcentaje de la mano de obra en el precio del servicio por m^2, los tipos de productos de limpieza utilizados, etc. La información sobre los contratos actuales de los proveedores de servicio de limpieza también fue provisto.

La fase inicial de investigación de mercado, permitió entender que las dos principales clasificaciones de servicios de limpieza son por tipo de espacio y por frecuencia de limpieza.

Fuente: adaptado de la OCDE (2014), "*Manual on Framework Agreements*" (Manual sobre convenios marco)

La razón para involucrar a los proveedores desde el principio y en las etapas subsiguientes previas a la licitación del convenio marco es diseminar la información sobre oportunidades de compra al número máximo de proveedores para garantizar una competencia eficiente.

Además de involucrar a los proveedores, el involucramiento temprano del OCC, que actúa como un intermediario entre la demanda y la oferta, con las autoridades contratantes es crucial para identificar sus necesidades y sus especificaciones en términos de cantidad y calidad específica para la función. El involucramiento temprano de las autoridades contratantes también tiene los beneficios de aumentar su participación y uso de los convenios marco. Por ejemplo, el departamento de Servicios Gubernamentales y Obras Públicas en Canadá ha desarrollado diversas herramientas para facilitar el involucramiento temprano de proveedores y autoridades contratantes (Recuadro 3.2).

Recuadro 3.2. Involucramiento temprano de proveedores y autoridades contratantes en Canadá

El departamento de Servicios Gubernamentales y Obras Públicas (*Public Works and Government Services*, PWGSC) en Canadá fomenta en su Manual de suministro el involucramiento temprano entre departamentos de clientes y posibles proveedores para garantizar que las licitaciones públicas cumplen con las capacidades del mercado.

Se invitan a los departamentos clientes a involucrarse con los empleados públicos de compras del PWGSC temprano en el proceso. Este involucramiento puede concentrarse en diferentes temas y puede incluir diversos niveles de participación. Podría pasar un largo período de tiempo antes de que se reciba un pedido firmado en el PWGSC.

El involucramiento temprano con la industria también podría asumir muchas formas, tales como:

Recuadro 3.2. Involucramiento temprano de proveedores y autoridades contratantes en Canadá *(continuación)*

- emitir cartas de interés;
- solicitudes de información;
- consultas individuales con los proveedores;
- realizar días de la industria;
- charlas informales;
- cuestionarios por Internet;
- herramientas de colaboración en línea;
- grupos focales.

Al involucrar a los clientes y proveedores a través de la consulta y el diálogo continuos y tempranos, los empleados públicos contratantes están en una mejor posición para identificar las diversas complejidades y riesgos asociados con los requisitos de un cliente, lo que permite el desarrollo de estrategias de mitigación. Adquirir el conocimiento de los requisitos y sus complejidades y riesgos asociados coloca a todas las partes interesadas en una mejor posición para una compra exitosa que satisfaga las necesidades del cliente.

Hay varias herramientas disponibles para facilitar este involucramiento temprano. Algunas se enumeran a continuación:

- **El Acquisitions Program Policy Suite** (Paquete de políticas del programa de compras), que proporciona instrumentos de políticas sobre temas como involucramiento y comunicaciones, gobierno, objetivos socioeconómicos, gestión de riesgos, etc.
- **La Procurement Library** (Biblioteca de compras), que incluye las herramientas de evaluación de complejidad además de las evaluaciones de riesgo para niveles de complejidad del 1 al 3 inclusive.
- **Los Procurement Nuggets** (Pepitas de compras), que proporcionan referencias rápidas sobre varios temas de compras.

Fuente: OCDE (2015), Desarrollo Efectivo de Mega-proyectos de Infraestructura / El Caso del Nuevo Aeropuerto Internacional de la Ciudad de México, Estudios de la OCDE sobre Gobernanza Pública, OECD Publishing, París, http://dx.doi.org/10.1787/9789264248335-en.

La forma en la cual están redactados los requisitos de la licitación puede afectar la cantidad y el tipo de proveedores atraídos a la licitación y, por lo tanto, el éxito del proceso de selección. Cómo se escriben puede también afectar la cantidad de autoridades contratantes que utilizan el convenio marco cuando el uso de los servicios del OCC no es obligatorio para todas las autoridades contratantes, o cuando las autoridades contratantes tienen permitido no utilizar el convenio marco si encuentran mejores condiciones afuera, o si los productos y servicios que ofrecen los proveedores no se corresponde con sus necesidades. Cuanto más claros sean los requisitos, más fácil será que los posibles proveedores los comprendan, se preparen y presenten ofertas y más fácil será que las autoridades contratantes usen el convenio marco.

Diseñar un convenio marco implica encontrar un equilibrio cuidadoso entre incrementar la competencia y reducir la cantidad de proveedores calificados. Aunque una cantidad pequeña de proveedores podría asociarse con un nivel bajo de competencia, la ineficacia podría subir cuando se incluye un gran número de proveedores en los convenios marco. La ineficacia puede surgir cuando se asigna una gran cantidad de operadores económicos para el convenio marco porque los proveedores podrían no proporcionar su mejor oferta al momento de ofertar debido a dos razones principales. En primer lugar, los proveedores saben que tienen buenas probabilidades de ser parte del convenio marco. La segunda razón se relaciona con el posiblemente pequeño porcentaje de los negocios provenientes de los convenios marco. En este sentido, la cantidad de operadores económicos que son parte de cada convenio marco es un punto crucial que se debe considerar.

La participación en una licitación representa un costo real para los operadores económicos, pero también para el OCC y las autoridades contratantes. Esto también es válido para la competencia de la segunda etapa (la fase de realización de compras específicas) del convenio marco, dado que las autoridades contratantes deben invitar a través de la plataforma del OCC a todos los operadores económicos del convenio marco a participar. Por esta razón, muchos OCC y autoridades contratantes establecen reglas específicas para limitar la cantidad de proveedores a quienes adjudicar un convenio marco específico.

Las decisiones de la cantidad de operadores específicos que son parte del convenio marco depende del país, del análisis de mercado y de los objetivos secundarios de las políticas para implementarlos, como el acceso de las pequeñas y medianas empresas (PYMES) a la compra pública. Por ejemplo, el Recuadro 3.3 explica cómo Consip, el Organismo central de compras italiano, determina la cantidad de proveedores de los convenios marco para maximizar la rentabilidad.

Recuadro 3.3. Equilibrar la cantidad de proveedores para algunos convenios marco: ejemplos del Consip (Italia)

El Consip determina la cantidad de proveedores utilizando una regla flexible según la cantidad de ofertas válidas recibidas, equilibrando la competencia y la participación máxima.

Ejemplosde reglas en algunos convenios marco:

Convenios marco	Cantidad de proveedores de los CM
Tercerización de servicios informáticos	Ofertas válidas ≤ 6 => 3 proveedores Ofertas válidas > 6 => 4 proveedores
Software libre	Ofertas válidas n => n-1 proveedores (máximo 7)
Servicios de agencias de viajes	Ofertas válidas ≤ 5 c => 3 proveedores Ofertas válidas 6-7 => 4 proveedores Ofertas válidas ≥ 8 => 5 proveedores

Este sistema permitió un aumento significativo en el ahorro, dado que los proveedores tenían incentivos fuertes para que se los colocara en la primera posición.

Fuente: Información proporcionada por Consip

Según el convenio marco y la naturaleza de los productos y servicios, los OCC aplican requisitos mínimos específicos para garantizar la capacidad de los proveedores de cumplir con el contrato. No obstante, deben ser proporcionales al tamaño y los términos y condiciones del contrato de compra. Los requisitos mínimos podrían estar en formas de requisitos de precalificación y pruebas de capacidad relacionadas con la actividad del proveedor, así como las capacidades en cuanto a existencias, la solidez de la cadena de suministro y los ingresos anuales evaluados en comparación con los gastos proyectados en el convenio marco. Otros requisitos se relacionan con aspectos legales como el cumplimiento de obligaciones legales en términos de impuestos y condiciones laborales.

En algunos países, las autoridades contratantes o el OCC a cargo del convenio marco, exigen que los licitadores depositen fianzas o garantías monetarias grandes o desproporcionadas como condición para presentar la oferta. Las garantías de seriedad de la oferta o garantías de participación son dos tipos principales de fianzas que se exigen con frecuencia para garantizar que las compañías licitadoras cumplirán con el contrato cuando se adjudique. La fianza de cumplimiento sirve como garantía para asegurar que se respeten todos los términos del contrato. Tal y como se describe en el Código europeo de buenas prácticas para facilitar el acceso de las PYMES a los contratos públicos (Comisión Europea 2008), este tipo de prácticas, cuando se utilizan de forma desproporcionada, representa un obstáculo administrativo y financiero en términos de competencia para algunas categorías de licitadores, como las PYMES, dado que pueden tener dificultades para proporcionar estas garantías.

Seleccionar proveedores con la habilidad profesional y técnica necesaria para que oferten en los contratos garantiza una buena entrega de servicios públicos y una buena relación entre calidad y precio. Los países tienen diferentes formas de evaluar la habilidad de los proveedores para cumplir con un contrato. Por ejemplo, la habilidad técnica y profesional del proveedor podría demostrarse con su desempeño en los contratos anteriores, como sucede en Corea (Recuadro 3.4). Algunos países toman en consideración el desempeño anterior de los proveedores al excluirlos de un convenio marco. Los proveedores pueden ser excluidos por las siguientes razones:

- Demoras en la entrega de bienes o servicios de conformidad con el convenio marco.
- Falta de entrega de todos los bienes o servicios de conformidad con el alcance establecido en el convenio marco.
- Falta de cumplimiento de nivel de servicio o suministro de los bienes o servicios.
- Opiniones negativas de las autoridades contratantes.

Recuadro 3.4. Considerar el desempeño anterior de los proveedores en Corea

El Servicio de Compras Públicas (PPS, en inglés), creado en 1949 como la Oficina Provisional de Suministros Extranjeros, asumió sus roles actuales como agencia central de compras de la República de Corea en 1961. La misión del PPS es "proporcionar el servicio de mejor valor a sus clientes, reducir el gasto presupuestario nacional y contribuir con el desarrollo económico al procurar y gestionar recursos para la administración pública.

El PPS es responsable de establecer y gestionar los contratos marco del Contrato de adjudicación múltiple (MAS, en inglés) de Corea. El MAS fue diseñado para satisfacer las diferentes necesidades de los numerosos usuarios finales a través de contratos adjudicados a múltiples proveedores, donde cada uno ofrece bienes de calidad, rendimiento y eficacia similares.

Recuadro 3.4. Considerar el desempeño anterior de los proveedores en Corea *(continuación)*

El PPS emite contratos de precios de unidades de forma anual con proveedores calificados, que deben tener un desempeño aceptable en cuanto a entregas anteriores y una situación económica satisfactoria. Estos productos y precios luego se enumeran en el Centro comercial en línea, y cada usuario final puede realizar compras directamente, sin la necesidad de la participación directa personal de compras del PPS o la emisión de un nuevo contrato.

Este acuerdo brinda una serie de beneficios. En primer lugar, proporciona más opciones para los usuarios finales al brindar acceso a un rango mayor de proveedores. También permite que más proveedores participen en el proceso de compras públicas: siempre y cuando se cumplan los requisitos mínimos de desempeño anterior satisfactorio en al menos tres casos y se cuente con una calificación crediticia que esté por encima de un determinado límite, cualquier proveedor puede participar. Este mayor número de proveedores también genera más competencia. Los proveedores no solo compiten en el precio, sino en la calidad de los productos similares, los plazos de entrega y el servicio de postventa calificado, que se refiere a la respuesta que dan los proveedores a las inquietudes, las solicitudes de accionar sobre los defectos y otros elementos de desempeño.

Fuente: OCDE (2016), "*The Korean Public Procurement Service: Innovating for Effectiveness*" (El servicio de compras públicas de corea: innovar en pos de la eficacia), Estudios de la OCDE sobre Gobernanza Pública, OECD Publishing, París. http://dx.doi.org/10.1787/9789264249431-en.

Basar las decisiones de adjudicación de contratos en el desempeño anterior alienta a las compañías a obtener mejores resultados en las adquisiciones en el largo plazo y ayuda a garantizar que la autoridad contratante o el OCC contraten a firmas que probablemente cumplan las expectativas de desempeño. Además, en un sistema que permite criterios de desempeños anteriores, los proveedores compiten no solo en el precio, sino en la calidad. No obstante, para que la información sobre el desempeño anterior sea útil, debe estar documentada, ser relevante, justa y fiable; también necesita sistemas, herramientas y métricas para compartir la información, como en los Estados Unidos (Recuadro 3.5)

Recuadro 3.5. Considerar el desempeño anterior de los proveedores en los Estados Unidos

Desde julio de 2009 las agencias federales tienen la obligación de publicar todas las evaluaciones de desempeño de los contratistas en el Sistema de información sobre desempeño anterior (*Past Performance Information Retrieval System*, PPIRS). Esa aplicación web que abarca a todo el gobierno proporciona información oportuna y pertinente sobre el desempeño anterior de un contratista a la comunidad federal de compras para que puedan tomar decisiones en cuanto a la selección de fuentes. El PPIRS proporciona una función de búsqueda para que usuarios autorizados puedan obtener información detallada sobre el desempeño anterior del contratista en informes de calificaciones. Las normas federales establecen que los clientes deben completar los informes de calificaciones de forma anual durante la vida del contrato. El PPIRS consiste en varios subsistemas y bases de datos (por ej., sistema de desempeño de contratistas, base de datos de desempeño anterior y sistema de respaldo de valoración de contratistas de la construcción).

Fuente: OCDE (2013), *Colombia: la implementación del buen gobierno*, Estudios de la OCDE sobre Gobernanza Pública, OECD Publishing, París, http://dx.doi.org/10.1787/9789264202177-en.

El OCC o la autoridad contratante que realiza la licitación debe considerar el costo de la oferta además del tiempo asociado, ya que es un factor de alta implicación en la competencia y eficacia. Cuanto mayor sea el costo de la licitación, menor será el nivel de competencia. Esto se aplica al convenio marco, pero también a las compras específicas. Esa es la razón por la cual el uso de sistemas electrónicos de presentación de ofertas y, de forma más general, los sistemas de compras electrónicas pueden verse como una forma de retirar las barreras de la competencia ya que permite la comunicación rápida y económica. Algunos operadores económicos como las PYMES no tienen capacidades administrativas grandes y especializadas. Por lo tanto, las autoridades contratantes y los OCC podrían intentar mantener los requisitos administrativos en un nivel mínimo como forma de incrementar la competencia.

En cuando a los procesos, hay un vínculo fuerte entre la competencia y las fechas límite para presentar las ofertas. Como tales, los OCC y las autoridades contratantes podrían tomar en consideración todas las limitaciones de los operadores económicos para establecer un plazo de tiempo adecuado para recibir más ofertas y mejores ofertas en términos de calidad.

Los límites del mercado de compras esencialmente se ven definidos por las especificaciones de la licitación. Por lo tanto, se necesita prestar cuidadosa atención a las especificaciones de la licitación para asegurarse de que el mercado está definido de la forma más amplia posible y que las barreras de ingreso son las más bajas posibles. En los mercados de compras, las barreras de ingreso se pueden bajar al diseñar criterios de participación en las licitaciones que no sean innecesariamente restrictivos, permitiendo que firmas de otras regiones o países participen o diseñando formas para incentivar a las firmas más pequeñas a participar incluso aunque no puedan presentar una oferta por la totalidad del contrato.

Algo que tiene una importancia clave en el diseño de un convenio marco es su capacidad de satisfacer una necesidad específica, no un producto o servicio específico. La normalización de productos y servicios es el proceso de homogeneización y establecimiento de características generalmente uniformes para un bien o servicio particular que podría reducir la variedad de productos que caen en descripciones similares. Esto puede ser una forma poderosa de incrementar la eficacia del convenio marco en términos de competencia y un gran paso hacia la racionalización del gasto público. La normalización y, en consecuencia, la categorización de productos y servicios dentro de un convenio marco en el sistema tienen un rol clave para la competencia de la segunda etapa. Permitir que las autoridades contratantes elijan las categorías y subcategorías para las compras específicas al profundizar en la especificación técnica podría disminuir drásticamente la competencia.

Fomentar el involucramiento con los proveedores: un objetivo compartido por los diferentes países

De acuerdo a la Encuesta, los OCC consultan a los proveedores cuando realizan investigación de mercado (92 %) y análisis de la demanda (83 %). Después de recibir información y opiniones sobre las necesidades y el mercado, a los proveedores se les consulta con menor frecuencia; la mitad de los países encuestados involucran a los proveedores para el diseño general del convenio marco.

Figura 3.1. Consultas con proveedores en diferentes etapas de la preparación del CM

Diseño del CM	50%
Investigación de mercado	92%
Elección de categorías	42%
Análisis de la demanda	83%

Nota: el color celeste claro indica donde Chile no forma parte.

Fuente: Encuesta de la OCDE sobre convenios marco centralizados.

Por ejemplo, en Nueva Zelanda, se consulta a los proveedores según el mercado y los requisitos: sus métodos estratégicos de involucramiento incluyen avisos públicos, solicitudes de información, sesiones de citas rápidas, acudir a las sesiones del proveedor, talleres de la industria y, si corresponde, involucramiento individual.

Es importante mencionar que la mayoría de los OCC encuestados son europeos. En su modelo, la cantidad de proveedores del convenio marco es considerablemente menor que la de ChileCompra.

ChileCompra lleva a cabo la consulta con proveedores en diferentes etapas de preparación de los convenios marco; en particular en el análisis de la demanda, la investigación del mercado y la elección de categorías, que principalmente se realiza a través de solicitudes de información.

ChileCompra coordina una mesa de trabajo con las micro, pequeñas y medianas empresaso Mesa Pyme que es una instancia de consulta con un objetivo claro de promover acciones y actividades de ChileCompra en torno a la participación de las Pymes en las compras públicas[1]. Esta mesa se reúne periódicamente y está conformada por representantes de ChileCompra, varias asociaciones gremiales, el Ministerio de Economía, cámaras de comercio y asociaciones de proveedores. En el resumen ejecutivo de la tercera reunión de la Mesa Pyme en septiembre de 2013, se compartieron los resultados de la encuesta especialmente sobre las razones de una baja competencia en las actividades de ChileCompra. Las razones incluyeron la dificultad para acceder a la información, su baja circulación, la falta de suministro y el tipo de contratos (Figura 3.2).

Figura 3.2. Razones para la baja competencia en las actividades de ChileCompra

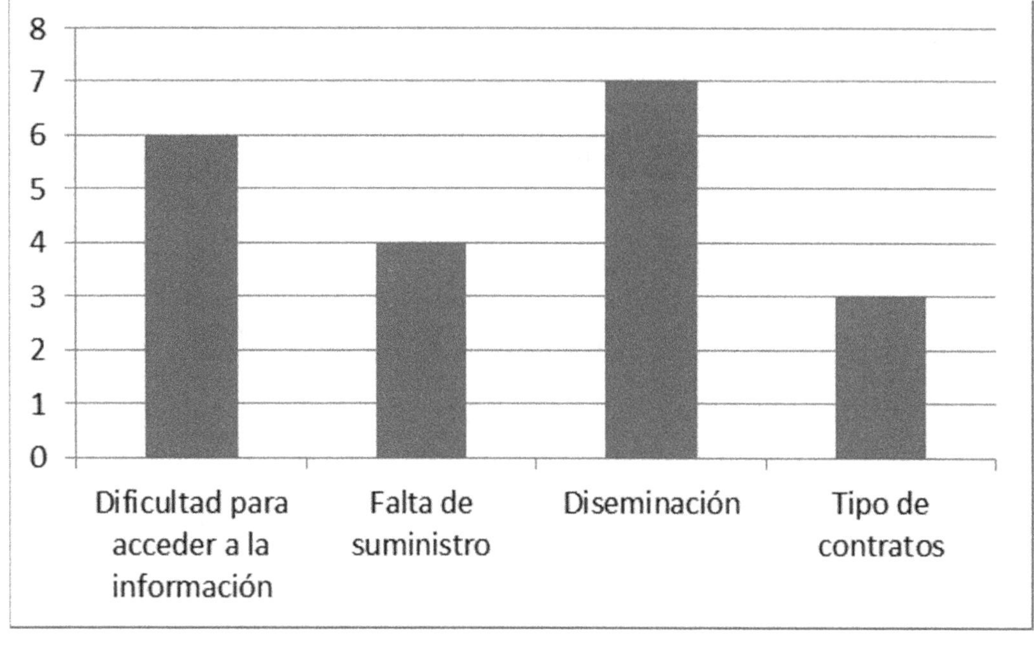

Fuente: adaptado de resumen ejecutivo de la tercera reunión de la Mesa Pyme, septiembre 2013 http://chilecompraqa.cloudapp.net/index.php?option=com_content&view=article&id=1435&Itemid=1056\. (acceso septiembre 2016)

Los proveedores participan en las decisiones sobre la estrategia de compra en algunos países. Por ejemplo pueden influenciar decisiones sobre los procedimientos de compra en Francia y Nueva Zelanda. El alcance de su participación en la decisión varía entre los países, no obstante, los OCC toman las decisiones finales. La participación de los proveedores en las decisiones sobre los criterios de adjudicación del convenio marco existe solo en Nueva Zelanda y España. En España, todas las principales líneas de procedimientos están sujetas a sugerencias, incluso por parte de los proveedores a través de solicitudes de información (Recuadro 3.6).

Recuadro 3.6. Participación de proveedores en la estrategia de compra en España

En España la Dirección General de Racionalización y Centralización de la Contratación (DGRCC) actúa como un OCC para las administraciones centrales. Su principal misión es el fomento, la gestión y el monitoreo de las compras y contrataciones centralizadas en el sector público estatal.

Con el fin de incrementar la transparencia de los procesos de compra centralizados y de comprobar las visiones del sector comercial al cual se dirigen los convenios marco, la DGRCC, realizará reuniones con asociaciones comerciales y sesiones públicas con posibles licitadores y asociaciones durante la preparación de las condiciones de la licitación. Estas sesiones permiten que la DGRCC obtenga los puntos de vista del sector en un rango diverso de aspectos de compra. Este proceso concluye, en la mayoría de las ocasiones, con la distribución de un cuestionario (solicitud de información) para que las compañías y asociaciones brinden su opinión sobre los diferentes aspectos del enfoque de compras.

Después de una reunión abierta sobre el futuro convenio marco sobre suministros de oficina, los proveedores y la asociación tuvieron que responder un cuestionario (solicitud de información) que abarcaba los siguientes puntos:

Recuadro 3.6. Participación de proveedores en la estrategia de compra en España *(continuación)*

- Duración del contrato
- Alcance del contrato
  - ¿Disponibilidad de todos los productos? Si la respuesta es no, ¿por qué?
  - Calidad
  - Paquetes
- Zonas o regiones de entrega
- Gestión de suministros:
  - Tiempos de entrega
  - Pedidos mínimos

Fuente: página web de la Dirección General de Racionalización y Centralización de la Contratación, http://contratacioncentralizada.gob.es, se accedió el 1 de febrero de 2016.

Dirección General de Racionalización y Centralización de la Contratación, Ministerio de Hacienda y Administraciones Públicas, "Jornada informativa sobre el acuerdo marco para la adopción de tipo de los suministros de material de oficina no inventariable (MONI)", 15 de abril de 2015, http://catalogocentralizado.minhap.es/pctw/Documentos/AM_MONI.pdf.

Recuadro 3.7. Involucrarse con los proveedores en Portugal

La Agencia Nacional de Compra Pública en Portugal (ESPAP, en portugués) realiza dos tipos de consultas para involucrar a los proveedores:

1. Una consulta pública donde el OCC presenta los objetivos y las especificaciones de la licitación. El principal objetivo es recabar opiniones de todas las partes interesadas relevantes como los proveedores. Durante esta consulta, la ESPAP describe claramente:
   - Los objetivos de la agencia y de los convenios marco (general).
   - El tipo de procedimiento, la duración, los lotes y el establecimiento del convenio marco.
   - Los criterios de adjudicación y la calificación de propuestas.
   - Los requisitos técnicos y funcionales mínimos (base + opcional).
   - Condiciones para participar en la licitación.
   - Actualización de productos y cambios en la oferta durante el convenio marco.
2. Una consulta preliminar, que es una consulta informal, con las futuras partes interesadas (operadores económicos) puede aceptarse a los fines de la preparación e información del procedimiento. Este proceso podría generar como resultado una emisión de recomendaciones o información relevante de mercado. Se necesita prestar especial atención a la protección de la competencia y a los principios de transparencia y no discriminación.

Fuente: basado en una presentación que se dio en un taller que respaldaba la reforma a la compra pública en Grecia en junio de 2014.

La publicación de un aviso previo con información para concientizar a los proveedores sobre las próximas oportunidades de compra generalmente se considera una buena práctica. No hay ninguna regla o plazo específicos para publicar el aviso. Esto es realizado en varios países con diferentes plazos: entre 2 y 11 meses antes de la invitación a la licitación en Bélgica, entre 6 y 8 meses antes en Finlandia, excepto por muy pocos procedimientos, y entre 3 y 4 meses en España a través de un portal web. En Italia, el aviso se publica en las primeras etapas durante la consulta del mercado. En Nueva Zelanda los avisos previos con información se publican en GETS (Servicio electrónico de licitación gubernamental) y en las próximas oportunidades será publicado en la página web de contratación pública de Nueva Zelanda NZGP, página que incluye el plan anual de compras.

ChileCompra no publica ningún aviso previo con información y la información relacionada con el convenio marco solo está disponible en la etapa de publicación de la licitación.

Como un instrumento específico de compra, la implementación del convenio marco requiere procesos de compra personalizados

ChileCompra podría involucrar más a los proveedores y a las autoridades contratantes para incrementar la competencia

El involucramiento temprano implica establecer un diálogo temprano y continuo entre las industrias; las autoridades contratantes y el OCC a lo largo del proceso de compra. El involucramiento debería comenzar temprano, en la etapa de identificación de necesidades. El involucramiento temprano mitiga el riesgo, identifica las soluciones innovadoras y mejora la competencia al conectar a los compradores y proveedores desde el principio en el proceso.

La coordinación de ChileCompra de la Mesa Pyme es una buena iniciativa para fomentar el involucramiento temprano. No obstante, este comité solo está dirigido a las PYMES, que representan menos del 50 % de las órdenes de compra y el valor de contratación. Para crear un entorno real propicio para la competencia, el primer paso es que ChileCompra invite a todos los proveedores interesados de todas las categorías a un diálogo con la agencia de compra sobre las especificaciones administrativas y técnicas de la oportunidad de compra o sobre el convenio marco de forma más general.

Figura 3.3. Porcentaje de compañías según su tamaño en términos de valor y cantidad de órdenes de compra en Chile

	valor	órdenes de compra
Grande	52.42%	53.94%
Mediana	17.29%	18.93%
Pequeña	19.09%	15.00%
Micro	11.19%	12.12%

Fuente: Chilecompra

Instituir un proceso y acciones claras en diferentes etapas utilizando diversos medios es crucial para que ChileCompra desbloquee los beneficios de un involucramiento temprano de proveedores. La publicación de los planes de licitación se considera una buena práctica para informar a los proveedores en la primera etapa. Varios OCC publican planes de compra con base en el análisis de la demanda, pero también en el plazo exacto de finalización de un convenio marco. La mejor opción para llegar a la mayor cantidad posible es publicar los planes de compra en la página web del OCC o en la página web de compras nacionales. Esto da una visibilidad clara para los proveedores sobre las próximas oportunidades en el mediano a largo plazo. En la página web de ChileCompra[2], el plan anual de compras está disponible actualmente para años anteriores pero esta información es fundamental para ayudar a los proveedores en los próximos años . Una actualización regular de la información disponible en la página web es un factor clave del éxito.

En algunos países, cualquier autoridad contratante u OCC puede publicar un aviso previo con información que describa la cantidad y a veces las características de las licitaciones que se lanzarán en los siguientes doce meses. Esto permite que los operadores económicos conozcan y estén preparados para las siguientes oportunidades de compra en el mediano plazo. Por ejemplo, la Comisión Europea proporciona un modelo avanzado y completo[3] del aviso previo con información. En la página de ChileCompra[4], los proveedores pueden ver los futuros convenios marco para 2016. Sin embargo, la información que se proporciona es mínima y solo describe el área de compra y no permite adecuadamente que los proveedores estén preparados para presentar ofertas. Si proporcionara más información, incluso una descripción corta de la naturaleza y las cantidades del convenio marco o el alcance de las obras, la fecha programada para el comienzo de los procedimientos de adjudicación o la duración del contrato, ChileCompra aumentaría la concientización de su comunidad de proveedores sobre las oportunidades futuras.

La introducción de la solicitud de información antes de la publicación de un convenio marco se considera una buena práctica para permitir un mejor diseño de las especificaciones de la licitación, que se distingue de la solicitud de cotización. Las solicitudes de información abordan temas relacionados con el diseño y la especificación en general de la licitación, lo que incluye la solicitud de cotización, cuyo objetivo principal es obtener precios. Si ChileCompra utiliza todos los componentes de las solicitudes de información para todas las licitaciones, podría serle de ayuda para comprender mejor cada mercado.

ChileCompra podría también institucionalizar las reuniones con proveedores antes del lanzamiento de cada convenio marco con el fin de garantizar un mayor involucramiento del lado de la oferta, estas podrían ser en forma de reuniones abiertas o individuales, garantizando así la equidad de tratamiento entre los proveedores. Considerando el tamaño del país y el riesgo de colusión cuando se reúnen los proveedores, ChileCompra podría considerar reuniones abiertas en línea que ayudan a reducir la interacción cara a cara.

Recuadro 3.8. Días de la industria en Canadá

Canadá usa el enfoque de involucramiento temprano de compra inteligente para interrogar a los proveedores sobre su experiencia antes de identificar un requerimiento. Esto es logrado a través de una mayor cantidad de días de la industria, consultas individuales con proveedores y otras actividades de participación.

Por ejemplo, la Base de las Fuerzas Armadas Canadienses del Departamento de Defensa Nacional en Edmonton, Alberta, tiene un requerimiento para el suministro de servicios de televisión, que incluyen los medios, la mano de obra, el material, la supervisión, los equipos y el transporte necesarios para cumplir con este requerimiento. Los medios de televisión podrían incluir aquellos proporcionados por cable (fibra o cobre), radiofrecuencia como satelital o de microonda o transmisión por protocolo de internet a través de Internet.

Debido a la naturaleza compleja del requerimiento, las autoridades contratantes organizaron un "día de la industria" con representantes de la industria para abordar este requerimiento de forma detallada. El objetivo de esta sesión fue comunicar de forma proactiva la intención del gobierno de adquirir servicios de televisión y, como partes interesadas, los proveedores tuvieron la oportunidad de proponer sugerencias para hacer que el proceso sea eficaz, eficiente y se alinee con las prácticas de la industria.

Fuente: https://buyandsell.gc.ca/initiatives-and-programs/smart-procurement/benefits-of-smart-procurement; https://buyandsell.gc.ca/event/industry-engagement-for-cable-television-service-providers.

Llegar a todos los proveedores de forma individual puede ser difícil y las solicitudes de información a través de la página web de ChileCompra pueden no ser un medio suficiente para llegar a los proveedores y reunir información valiosa. En este sentido, sería esencial que ChileCompra continúe trabajando de forma activa con otras instituciones como:

- Asociaciones industriales que puedan usarse como mecanismos legítimos procompetitivos para que los miembros de un sector de compras fomenten estándares y competencia.
- Cámaras de comercio cuya meta sea hacer avanzar los intereses de las empresas.

Ambos tipos de institución pueden proporcionar información valiosa sobre el mercado y también actuar eficazmente para transmitir información a sus miembros y, así, mejorar la competencia. ChileCompra ha establecido vínculos con estas instituciones a través de la Mesa Pyme. No obstante, la clave es garantizar que la información luego se transmita a los proveedores con planes de acción claros y seguimiento. ChileCompra podría considerar establecer relaciones fuera de la Mesa Pyme para cada área de compra.

Para los convenios marco de ChileCompra, los proveedores tienen dos meses para presentar una oferta. ChileCompra debería considerar adaptar el proceso de compra a cada convenio marco según el área de compra y la complejidad del convenio marco. Además de garantizar que los proveedores tengan un plazo de tiempo adecuado para presentar sus ofertas, un involucramiento temprano de proveedores puede permitir la reducción del plazo, ya que se podría informar y preparar a los proveedores para las oportunidades de compra.

ChileCompra podría desarrollar más conocimiento en la materia según categorías de productos

En términos de la eficiencia del convenio marco, los expertos en la materia o el jefe de productos tienen un rol significativo. En algunos OCC, los gestores de categorías deberían estar especializados en al menos el nivel de área de compra así como en conocer bien un mercado específico y su entorno. Los gestores de categorías deberían conocer el sector industrial donde operan, las tendencias del mercado, los productos y servicios disponibles en el mercado y demás información relevante necesaria para comprender bien el mercado y disminuir la asimetría de información. Estas tareas deberían realizarse durante la preparación de la licitación, pero también durante toda la licitación. Incluso aunque esas tareas sean más demandantes en términos de tiempo, el impacto en términos de competencia y eficacia será mucho más significativo.

La inclusión de expertos adecuados en la materia para el diseño de la especificación de la licitación podría llevar a racionalizar más la oferta y la reserva de proveedores.

Figura 3.4. Porcentaje de productos sobre los que se realizaron transacciones

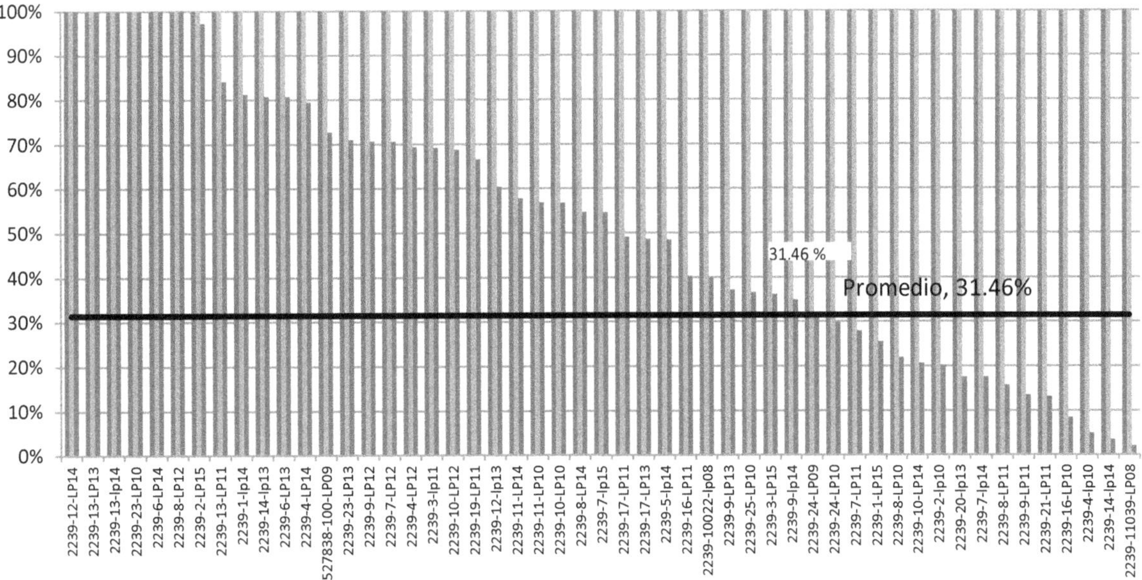

Fuente: Chilecompra.

En efecto, solo se realizaron transacciones efectivas con un 31,5 % de los productos incluidos en la plataforma. Esto representa una pérdida de tiempo y un costo para el OCC y para los proveedores. Por lo tanto, para reducir el tiempo dedicado al diseño de la especificación de la licitación y a la verificación y actualización de productos y servicios, el desarrollo adicional de los conocimientos de compra podría ayudar a elegir los productos y servicios relevantes para incluir en el convenio marco y en la plataforma, y permitiría un mayor enfoque en las decisiones estratégicas por parte de los gestores de categorías.

En el caso de un nuevo convenio marco, los conocimientos internos desarrollados lo antes posible ayudarían a comprender los desafíos relevantes del mercado. Un ejemplo de esto en Chile es la experiencia de ChileCompra en cuanto a dispositivos médicos. ChileCompra estableció una alianza estratégica con el Instituto de Salud Pública y recibió retroalimentación de dos de las principales autoridades contratantes; el Hospital San Juan y el Hospital Clínico Universidad de Chile. Para este convenio marco, el porcentaje promedio de productos comercializados es alto (alrededor del 85 %) en comparación con aquellos en otros convenios marco de ChileCompra. Esto respalda claramente los impactos positivos de este tipo de alianzas y los beneficios del involucramiento temprano con las autoridades contratantes, por lo que sería esencial que ChileCompra lo establezca en otras áreas de compra.

La normalización de bienes y servicios es crucial para mejorar la competencia e incrementar la eficiencia

La normalización de bienes y servicios sin dejar de garantizar que el mercado esté definido de la forma más amplia posible en la especificación de la licitación puede incrementar la eficacia del sistema y elevar la competencia en el mercado. Las licitaciones deberían reflejar la diversidad de las soluciones técnicas disponibles en el mercado con ciertos límites. Cuanto más fácil sea normalizar un producto o servicio, mayor será la posibilidad de acumular el volumen, el valor del convenio marco y, por lo tanto, el ahorro.

La información disponible en la plataforma sobre el uso de productos y servicios sería un aporte valioso para ChileCompra al momento de decidir cuáles son los productos y servicios que se incluirán en el convenio marco. De los productos y servicios administrados por ChileCompra, solo un 39,8 % tuvo más de una orden de compra y un 12 % fue descalificado o no tenía productos disponibles. Al renovar un convenio marco, es esencial que ChileCompra considere si va a incluir o no los productos y servicios que nunca o rara vez se pidieron. Este análisis puede ayudar a definir los productos y servicios normalizados.

Figura 3.5. Porcentaje de productos que han recibido 0 o 1 orden de compra

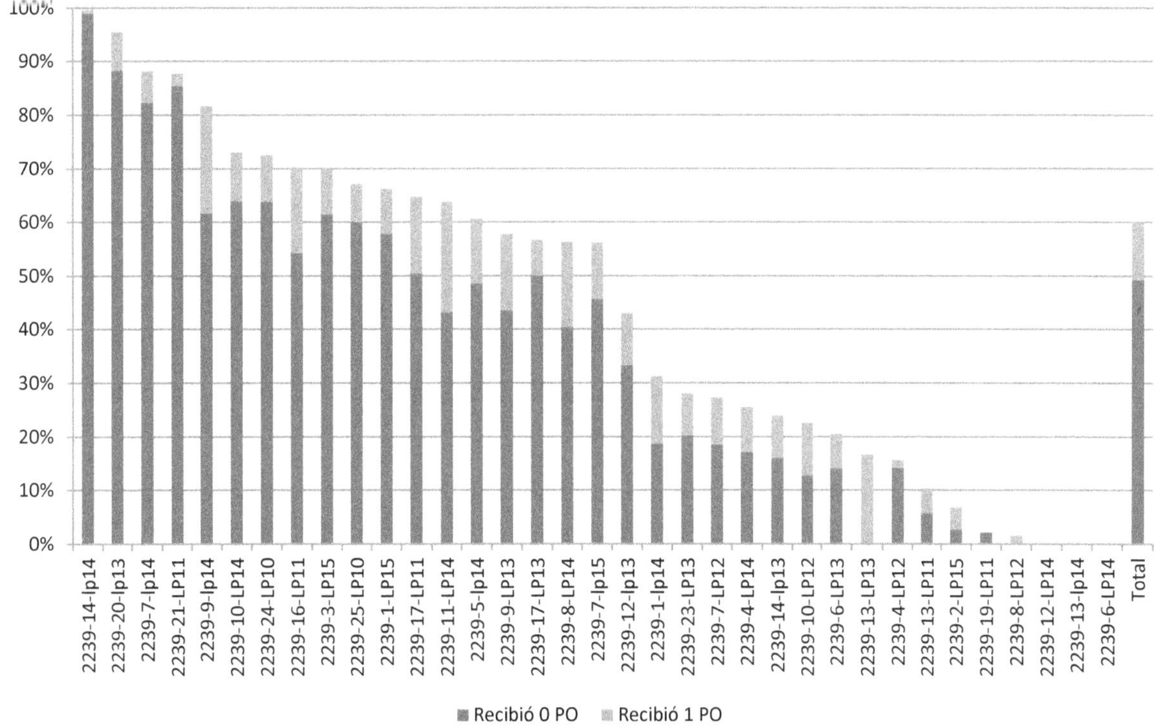

Fuente: Chilecompra.

Definir especificaciones de la forma más amplia posible incrementaría la eficacia del sistema, dado que recurrir a muchas especificaciones y detalles como el nivel de SKU (unidad de mantenimiento de existencias) reduciría la competencia. Este trabajo está directamente vinculado con la normalización y categorización establecida por el OCC. Por ejemplo en ChileCompra hay 28 categorías diferentes de arroz e incluso muchas más subcategorías.

Las categorías a veces se duplican o son muy similares. Esta forma de categorización puede conducir a una mejor competencia especialmente para la compra por encima del límite. Las categorías deberían reflejar la especificación de la licitación, lo que significa los productos y servicios que satisfacen la necesidad, no una descripción amplia y detallada de los productos y servicios que se van a adquirir.

Las autoridades contratantes están obligadas a usar los convenios marco de ChileCompra a menos que encuentren mejores condiciones afuera de ellos, la información sobre la cobertura de los convenios marco muestra claramente que la cobertura promedio es bastante baja (59,3 %). Esto significa que más de un tercio de la suma que gastan las autoridades contratantes para cosas donde hay un convenio marco disponible se gasta en bienes o servicios externos a los convenios marco.

Una normalización inteligente de productos y servicios proporciona una visibilidad clara para los proveedores del lado de la demanda real. Puede conducir a una mayor competencia entre proveedores dado que todos ellos competirán por los mismos productos y servicios estandarizados. Luego, incrementará la eficacia del convenio marco y aumentará su cobertura. Este proceso es crucial para ChileCompra ya que tiene un impacto en la eficacia del gasto público, pero también en la sostenibilidad del modelo.

La normalización o estandarización permitiría una comparación significativa entre precios. En la actualidad, ChileCompra Express permite que las autoridades contratantes filtren por precio, pero no por precio por unidad. El precio por unidad constituiría información relevante para mostrarse con el fin de hacer posible la comparación e incrementar la competencia entre proveedores. Este tema se abordará en la fase de diseño cuando se impone a los proveedores unidades y tamaños específicos de productos en las especificaciones de la licitación.

Reducir la cantidad de operadores económicos del convenio marco podría ayudar a Chile a fomentar más la competencia

Con la normalización de bienes y servicios, los proveedores pueden beneficiarse de la clara visibilidad de bienes y servicios a suministrarse. No obstante, tener una gran cantidad de proveedores en un convenio marco no permite que los proveedores planifiquen la oferta, se beneficien de las economías de escala o compartan este beneficio con las autoridades contratantes. La normalización de productos y servicios debería ir de la mano con la limitación de la cantidad de proveedores para maximizar los beneficios que se derivan de la agrupación de la demanda (Harland et al, 1999).

Los criterios de selección para la evaluación y adjudicación del convenio marco afectan la intensidad y efectividad de la competencia en el proceso de licitación. La transparencia y una buena explicación de las reglas de selección de la licitación son pasos muy importantes para alcanzar la eficacia. No hay ninguna regla general que considere la limitación de la cantidad de operadores económicos que pueden participar en un convenio marco. Sin embargo, la reserva de proveedores debería tener un tamaño manejable para la fase de adjudicación, pero también durante la duración de la licitación.

Para los convenios marco disponibles en 2015, ChileCompra recibió 8209 ofertas y adjudicó 6004 de ellas. Esto significa que ChileCompra tiene que analizar una cantidad significativa de ofertas para las cuales casi un tercio no se adjudicó. La fase de evaluación (incluye la calificación de los proveedores) requiere entre dos y ocho meses, que es comprensible dada la gran cantidad de proveedores. Sin embargo, una larga duración de la fase de evaluación aumenta el riesgo de adjudicar ofertas que probablemente no estén actualizadas en términos de precio o de necesidades.

Las PYMES representan el 90 % de los proveedores del sistema de compras de ChileCompra, pero solo representan el 47,6 % en términos de valor y 46 % en términos de la cantidad de órdenes de compra. Alrededor del 60 % de los proveedores que estaban en los convenios marco en 2014 no tuvieron transacciones ese mismo año. Esto podría significar que un amplio rango de proveedores y PYMES no recibe ningún pedido o solo unos pocos. En este sentido, implica ineficiencias en el sistema para un amplio rango de proveedores, particularmente cuando consideramos la complejidad del proceso de oferta. Por lo tanto, el OCC debería evaluar cuidadosamente el mercado, sus requisitos y recursos durante la etapa de preparación y decidir sobre la cantidad adecuada de operadores económicos para cada convenio marco.

El promedio de proveedores en un convenio marco es de 147, que va desde 1 hasta 1094 proveedores. El mecanismo en sí no alienta a los proveedores a brindar su mejor oferta ya que saben que tienen buenas probabilidades de formar parte del convenio marco. Para las compras debajo del límite, las autoridades contratantes pueden comprar de cualquier proveedor sin tener información completa sobre la fase de selección inicial como la clasificación de proveedores. ChileCompra podría considerar introducir un mecanismo para hacer visible la clasificación de proveedores y dar una mayor proporción a aquellos que tuvieron una clasificación superior. Esto podría incentivar a los proveedores a ofrecer un precio más competitivo. Este mecanismo reducirá el vacío de información dado que la clasificación se basa no solo en el criterio de precio y, así, aumentará la competencia y probablemente disminuirá los precios.

Las pruebas de capacidad de los proveedores verificadas por ChileCompra son mínimas ya que el OCC verifica en general solo el cumplimiento de las obligaciones legales (impuestos, condiciones laborales, etc.). Esto podría explicar la cantidad grande de ofertas, el bajo porcentaje de proveedores descalificados (4 %), y el alto porcentaje de productos no disponibles (11 %). Para fortalecer la calidad de los proveedores, ChileCompra debería considerar la introducción de una etapa de precalificación, y pruebas adicionales de capacidad tales como capacidad de existencias y solidez de la cadena de suministro según el área de compra.

Una buena forma de garantizar la calidad de los proveedores es la introducción del criterio del desempeño anterior que ChileCompra usa para algunas licitaciones. No obstante, para usar este criterio de forma eficiente, el OCC debería no solo preguntar sobre los años y la cantidad de experiencia en el área de compra específica, sino también información relacionada con la calidad de los proveedores en el desempeño de contratos anteriores. Esta información debería documentarse, ser relevante y fiable y adaptarse a cada área de compra. ChileCompra debería considerar desarrollar un sistema o una plataforma para recibir devoluciones de las autoridades contratantes sobre el desempeño de los proveedores en relación con el cumplimiento de las cláusulas contractuales (precios y demoras).

Para limitar los riesgos relacionados con el desempeño de los contratos, ChileCompra puede solicitar diversos tipos de garantías o fianzas. El OCC publicó en su página web instrucciones[5] sobre cómo usar esas garantías:

- Garantía de seriedad de la oferta: se expresan en el valor total, pero no pueden representar más del 5 % del contrato. ChileCompra recomienda a las autoridades contratantes que no soliciten esas garantías debajo del límite (1000 UTM) y el OCC debería supervisar su uso.
- Garantía de fiel cumplimiento de la oferta: se expresan en el valor total que va desde el 5 al 30 % del contrato. El porcentaje que se aplicará dependerá de la evaluación de riesgo de la compra.

Limitar la cantidad de operadores económicos con pruebas de capacidad adecuadas puede limitar el riesgo relacionado con el desempeño de la compra y, así, disminuir el porcentaje de las garantías de seriedad y fiel cumplimiento de la oferta. Debería fomentarse una disminución de las garantías financieras según el desempeño de los proveedores del contrato.

El buen diseño de las licitaciones no debería restringir a algunos grupos como las PYMES para que no puedan presentar ofertas para un convenio marco. ChileCompra debería permitir que se adjudiquen contratos en forma de lotes separados cuando sea posible. La distribución se puede usar desde una perspectiva regional, pero también para categorías especiales de productos y servicios. La subdivisión de las compras públicas en lotes facilita claramente el acceso a las PYMES, de forma cuantitativa (ya que el tamaño de los lotes podría corresponder mejor a la capacidad productiva de la PYME) y cualitativamente (el contenido de los lotes podría corresponder mejor al sector especializado de la PYME).

En muchos países, como aquellos que están sujetos a una directiva de la UE, las autoridades contratantes están obligadas por ley a aceptar la agrupación de proveedores para presentar una oferta. En este caso, el grupo o consorcio puede depender de las capacidades de todos los participantes. A partir de la información disponible, ChileCompra no permite en la actualidad este tipo de cooperación entre proveedores, incluso para la competencia de la segunda etapa. Al racionalizar la cantidad de proveedores, ChileCompra podría considerar permitir el agrupamiento de proveedores con el fin de eliminar más barreras para la participación.

ChileCompra permite la subcontratación de solo una pequeña parte de los convenios marco, y esto reconoce que los operadores económicos preferirían ganar la totalidad del contrato. No obstante, en el caso de los contratos grandes o cuando no hay PYMES en el mercado, la subcontratación aún podría proporcionarles a firmas o PYMES la oportunidad de compartir el contrato por medio de su participación en la cadena de suministros de compra. Este es particularmente el caso cuando las PYMES pueden proporcionar valor agregado en la forma de productos o servicios innovadores o especializados. En este sentido, aumentar las oportunidades de subcontratación podría facilitar más la participación de las PYMES en los convenios marco.

Notas

1 En Chile, la Ley n.° 20 416 establece los criterios para definir el tamaño de una empresa. Las empresas que tengan menos de 200 empleados y una facturación anual de hasta 100 000 unidades de fomento, que es una unidad contable que se ajusta a la inflación correspondiente a 3 700 000$ en enero de 2016.

2 Se puede acceder a esta en www.mercadopublico.cl/Home/PlanDeCompra.

3 Se puede acceder en http://simap.ted.europa.eu/documents/10184/49059/sf_001_en.pdf.

4 Se puede acceder a esta en www.mercadopublico.cl/Home/Contenidos/QueEsCM.

5 Se puede acceder en www.mercadopublico.cl/portal/mp2/descargables/Directiva_N_7_Garantias.pdf

Referencias

Dirección General de Racionalización y Centralización de la Contratación, Ministerio de Hacienda y Administraciones Públicas de España (2015), Jornada informativa sobre el acuerdo marco para la adopción de tipo de los suministros de material de oficina no inventariable (MONI).

Comisión Europea (2008), Código europeo de buenas prácticas para facilitar el acceso de las PYME a los contratos públicos, Comisión Europea.

Harland, Lamming, Cousins (1999), "*Developing the concept of supply strategy*" (Desarrollar el concepto de estrategia de oferta), International Journal of Operations & Production Management.

OCDE (2016), "*The Korean Public Procurement Service: Innovating for Effectiveness*" (El servicio de compras públicas de corea: innovar en pos de la eficacia), Estudios de la OCDE sobre Gobernanza Pública, OECD Publishing, París. http://dx.doi.org/10.1787/9789264249431-en.

OCDE (2015), Desarrollo Efectivo de Mega-proyectos de Infraestructura / El Caso del Nuevo Aeropuerto Internacional de la Ciudad de México, Estudios de la OCDE sobre Gobernanza Pública, OECD Publishing, París, http://dx.doi.org/10.1787/9789264248335-en/.

OCDE (2014), "*Manual on Framework Agreements*" (Manual sobre convenios marco).

OCDE (2013), *Colombia: la implementación del buen gobierno*, Estudios de la OCDE sobre Gobernanza Pública, OECD Publishing, París, http://dx.doi.org/10.1787/9789264202177-en.

OCDE (2011a), "*Framework Agreements*" (convenios marco), *SIGMA Public Procurement Briefs*, N.° 19, OECD Publishing, París, http://dx.doi.org/10.1787/5js4vmnmnhf7-en.

OCDE (2011b),"*Competition and Procurement*" (Competencia y compra), Comité de Competencia, www.oecd.org/daf/competition/sectors/48315205.pdf.

Capítulo 4.

Prácticas estratégicas para el uso eficiente de Convenios marco en Chile

Una vez que los Organismos centrales de compras los han implementado, los convenios marco están diseñados para que las autoridades contratantes los utilicen de forma autónoma. Sin embargo, sin orientación o estructuración dos procesos de pedido, la posible rentabilidad en el proceso de licitación y la selección de proveedores podría estar en riesgo. Este capítulo evalúa las prácticas de los países que apoyan a las autoridades contratantes para que aprovechen al máximo los convenios marco existentes. Proporciona recomendaciones para que ChileCompra incremente la eficacia del sistema y permita que las autoridades contratantes tomen decisiones de compra informadas.

Una etapa estructurada de realización de compras específicas respaldada por una orientación detallada podría incrementar la competencia

La adjudicación de un convenio marco a los proveedores no pone fin a las responsabilidades y la supervisión estratégica de ChileCompra. Como sucede con cualquier organismo central de compra, la adjudicación de convenios marco a proveedores conlleva esfuerzos de seguimiento para garantizar que esos instrumentos permiten correctamente la unión de las necesidades de las entidades públicas con las capacidades del mercado sin dejar de mantener una competencia eficaz.

El uso de convenios marco y el respaldo correspondiente proporcionado a la demanda y la oferta dependen de si ya existía el contrato o si se está implementando un nuevo instrumento. El respaldo durante la fase de iniciación depende en gran medida de este factor. La información sobre el rango de productos y servicios asociados disponibles en virtud de un nuevo convenio marco es esencial para garantizar que se comprende adecuadamente su cobertura.

La clasificación de la información sobre los productos y servicios disponibles en un convenio marco es un paso crucial para garantizar su uso estratégico. Esta información enmarca el nivel y la estructura de la competencia en la etapa de realización de compras específicas. Una tipología ampliada de los productos permitiría que el usuario final identifique aquellos que se acercan más a sus necesidades y, aun así, también disminuiría el nivel de posible competencia entre proveedores calificados.

La tipología del producto también afecta la experiencia de los usuarios finales en el procesamiento de órdenes en la plataforma. La clasificación no intuitiva de los productos hace que la búsqueda e identificación de las ofertas que coincidan con las necesidades de los usuarios finales sea más difícil y más larga. Esto tiene una consecuencia directa en los costos de procesamiento relacionados con las órdenes de compra y, por lo tanto, en el equilibrio general del convenio marco.

Para las empresas, una tipología ampliada de productos abriría la puerta a la diferenciación innecesaria de productos, lo que resultaría en duplicaciones cuando se solicita o actualiza su catálogo. En muchos países donde está implementado el centro comercial de productos disponibles en convenios marcos, hay un organismo central de compras que supervisa las actualizaciones de productos, para garantizar la categorización de los productos relevantes.

Para garantizar que las solicitudes de modificaciones son sostenibles en el transcurso del tiempo, la mayoría de los interrogados en la encuesta de la OCDE, indican períodos mínimos durante los cuales no se autorizan cambios. Este no es el caso de Chile. Además, casi la mitad de los países define un entorno estructurado para la modificación de las ofertas mediante la cual se asigna un número máximo de cambios o de solicitud de cambios a los proveedores. Estas prácticas pueden mitigar el nivel de esfuerzos y recursos necesarios en el OCC.

La etapa de realización de compras específicas que implica tener el recurso a otra ronda de competencia existe comúnmente para compras que superan un límite específico o donde se necesita una descripción detallada y ad hoc de las necesidades de la autoridad contratante. Además de ser obligatoria para garantizar la competencia entre los proveedores adjudicados, la segunda ronda de competencia, también podría fomentar el uso estratégico de los convenios marco siempre y cuando el organismo central de compras ofrezca respaldo y orientación. Esta etapa con frecuencia expresa principios más amplios relacionados con las compras estratégicas tales como especificaciones de necesidades o criterios de adjudicación que aplicaron empleados capacitados y profesionales de compras en la primera etapa de la competencia.

Este ejercicio en la segunda etapa lo realizan empleados con habilidades de compra heterogéneas, según la frecuencia de sus actividades de compra y su complejidad. En Nueva Zelanda, el Ministerio de Negocios, Innovación y Empleo definió un Índice de capacidad de compra con el objetivo de evaluar la madurez en cuanto a las contrataciones y compras de las agencias de compras (ver Anexo E). Este índice permite una comprensión mayor y más estratégica de las necesidades de respaldo en especial en el campo de los conocimientos comerciales. La orientación y el respaldo que proporciona el organismo central de compra durante esta fase es un paso importante hacia el incremento de un uso estratégico de los convenios marco. Estos esfuerzos podrían tomar la forma de asistencia en tiempo real a través de centros de atención telefónica o documentación y orientación de respaldo proporcionada por Internet.

Para las compras específicas en las cuales no se necesite una competencia de segunda etapa, otro medio para fomentar el uso estratégico de convenios marco es identificar y divulgar información sobre proveedores que se relacione con su evaluación inicial en la fase de adjudicación. En muchos países, los convenios marco se adjudican sobre la base de una combinación de evaluación técnica y financiera. Informar a las autoridades contratantes sobre los resultados de esta evaluación les permitiría tomar una decisión informada antes de emitir una orden a un proveedor.

Esto también podría afectar el comportamiento del lado de la oferta en los convenios marco, así como proporcionaría mayor visibilidad a los usuarios finales sobre los resultados del proceso inicial de licitación. Esta revelación puede también incentivar a los proveedores a competir de forma más intensa en la primera etapa de competencia, porque sabrán que la clasificación de la propuesta inicial podría afectar la posible ganancia generada con el convenio marco.

La flexibilidad de los convenios marco y las opciones que ofrecen requieren un respaldo estructurado de los organismos centrales de compra

Respaldar a las autoridades de compra y a los proveedores durante el período de iniciación de los convenios marco ayuda a crear un entorno estructurado, lo que les proporcionaría a las partes interesadas una mayor comprensión de las principales características de los instrumentos. Por ejemplo, un convenio marco que establece productos específicos y también servicios asociados justificarían una orientación adicional para las autoridades contratantes de modo tal que puedan maximizar su poder adquisitivo al integrar desde el comienzo todos los bienes y servicios requeridos a la misma orden. Como se muestra en la Figura 4.1 en la fase de iniciación se proporcionan respaldo e información específica para concientizar sobre la existencia y estructura de convenios marco recientemente implementados.

Figura 4.1. Pasos dados durante la iniciación de convenios marco

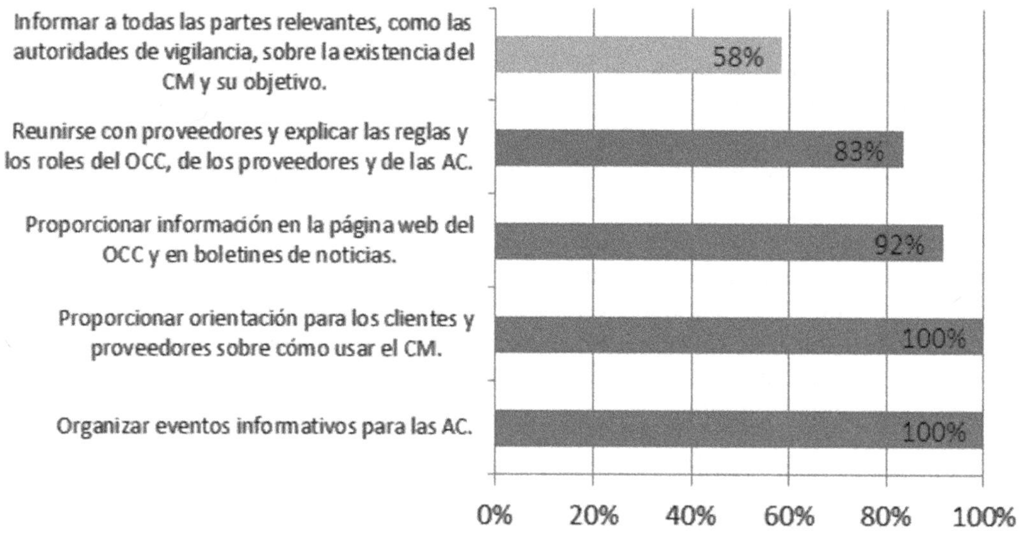

Informar a todas las partes relevantes, como las autoridades de vigilancia, sobre la existencia del CM y su objetivo. 58%

Reunirse con proveedores y explicar las reglas y los roles del OCC, de los proveedores y de las AC. 83%

Proporcionar información en la página web del OCC y en boletines de noticias. 92%

Proporcionar orientación para los clientes y proveedores sobre cómo usar el CM. 100%

Organizar eventos informativos para las AC. 100%

0% 20% 40% 60% 80% 100%

Nota: el color celeste claro indica donde Chile no forma parte.

Fuente: Encuesta de la OCDE sobre convenios marco centralizados.

Mientras que todos los interrogados en la encuesta de la OCDE indicaron que proporcionan orientación e información a las autoridades contratantes y proveedores sobre el uso de los convenios marco, los países adoptan diferentes estrategias en cuanto al contenido y formato de este respaldo. Por ejemplo Consip, el organismo central de compras de Italia, asume un enfoque proactivo al proporcionar información relacionada con los convenios marco durante la etapa de preparación con antelación a la emisión de la correspondiente convocatoria a licitación.

ChileCompra tiene una División Servicio al Usuario que proporciona servicios de atención y capacitación a las autoridades contratantes y a los proveedores. En 2015 el servicio de atención recibió más de 150 000 solicitudes, de las cuales 69 % provinieron de autoridades contratantes. Entre estas solicitudes, 15 % se relacionaban con temas administrativos como contraseñas olvidadas para acceder a ChileCompra Express. Los esfuerzos necesarios para abordar estas solicitudes meramente operativas están absorbiendo tiempo y recursos no asignados a la entrega de orientación sustancial.

Más allá del respaldo administrativo, la orientación para las autoridades contratantes en las compras específicas que implican una competencia de la segunda etapa está más desarrollada en algunos países. Por ejemplo, Finlandia desarrolló plantillas para que usen las autoridades contratantes con el fin de garantizar que los principios fundamentales de las compras, como equidad y transparencia, también se respetan durante esta etapa.

Figura 4.2. Requisitos en la etapa de realización de compras específicas

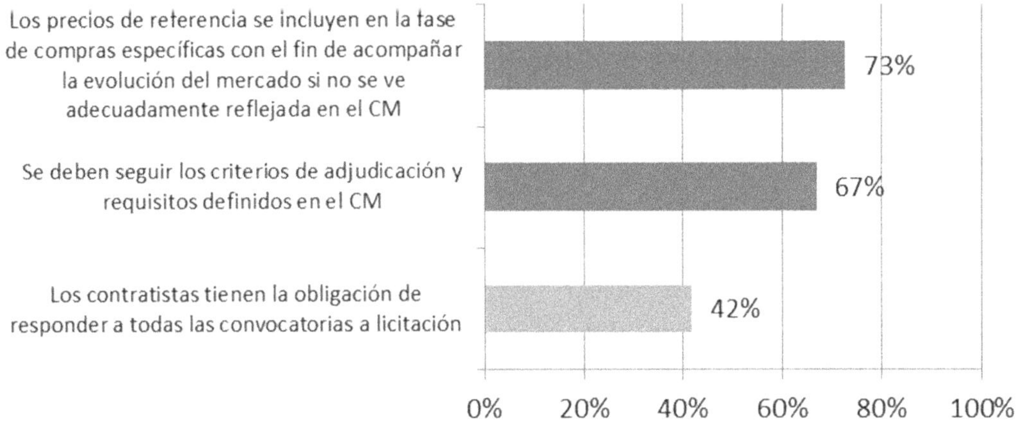

Los precios de referencia se incluyen en la fase de compras específicas con el fin de acompañar la evolución del mercado si no se ve adecuadamente reflejada en el CM 73%

Se deben seguir los criterios de adjudicación y requisitos definidos en el CM 67%

Los contratistas tienen la obligación de responder a todas las convocatorias a licitación 42%

0% 20% 40% 60% 80% 100%

Nota: el color celeste claro indica donde Chile no forma parte.

Fuente: Encuesta de la OCDE sobre convenios marco centralizados.

Entre los interrogados por la encuesta de la OCDE, un 58 %, incluido Chile, tiene sistemas de convenios marco que no imponen obligaciones de responder a todas las compras específicas a los proveedores. Como se debate en el Capítulo 2, esto indica compromisos débiles del lado de la oferta e induce a una posible estrategia de selección por parte de proveedores (Albano y Nicholas, 2016). En Chile, menos de un 19 % de los proveedores adjudicados responde a las compras específicas en promedio (ver Figura 4.5). En el caso de los convenios marco con varios proveedores, este riesgo podría mitigarse razonablemente por la multiplicidad de proveedores. No obstante, en el caso de convenios marco obligatorios con un solo proveedor, esta práctica podría llevar a una posible interrupción de la oferta.

Entre los encuestados, un 73 % proporciona precios de referencia en la etapa de compras específicas con el fin de acompañar la evolución del mercado. Esta práctica ayuda a garantizar que los precios propuestos por los proveedores durante la minicompetencia están alineados con la evolución más reciente de precios del mercado, independientemente de la fecha de implementación del convenio marco.

Figura 4.3. Descuentos previstos en la competencia de la segunda etapa

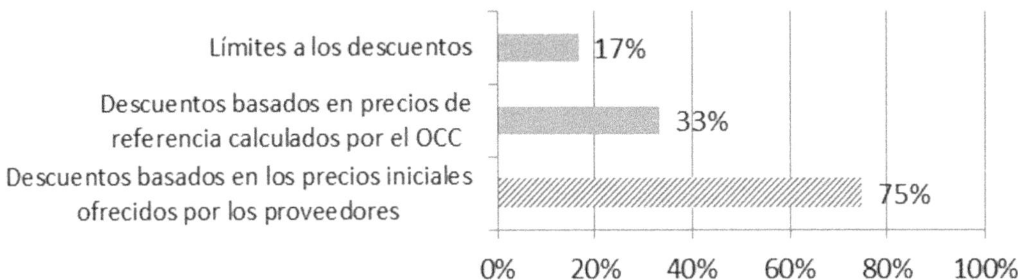

Nota: el color celeste claro indica donde Chile no forma parte. La barra con relleno diagonal indica donde solo se aplica a algunos convenios marco en Chile.

Fuente: Encuesta de la OCDE (2015) sobre convenios marco centralizados.

Tres cuartos de los preguntados por la encuesta, indicaron que los descuentos obtenidos durante la segunda etapa de la competencia se basan en los precios iniciales propuestos por los proveedores con su primera presentación sobre la cual se les adjudicó inicialmente el convenio marco. Esta práctica ilustra un razonamiento mediante el cual los precios iniciales sirven como punto inicial de la competencia durante la minicompetencia. También establece las bases para la medición de ahorros significativos que se logran por medio de la emisión la competencia de la segunda etapa.

Formas en las que ChileCompra puede optimizar el uso de los convenios marco.

Una vez adjudicados los convenios marco, los organismos centrales de compra deberían asegurarse de que las autoridades contratantes los usen para alcanzar los esfuerzos en pos de la rentabilidad que se iniciaron en la etapa de diseño y competencia abierta. Para hacer esto, los organismos centrales de compra podrían intentar principalmente brindar un entorno estructurado de compra y suficiente orientación a las autoridades contratantes para evitar comportamientos y patrones que menoscabarían los esfuerzos alcanzados en la primera etapa.

ChileCompra podría reconsiderar la categorización de los productos para elevar la competencia y facilitar el proceso de ordenamiento

Hay más de 115 000 productos y servicios disponibles en ChileCompra Express en virtud de 35 convenios marco distintos. Sin embargo, esto no significa necesariamente que la competencia entre los proveedores se produce en este rango de bienes y servicios. De hecho, solo un proveedor dentro de un convenio marco dado propone casi la mitad de estos productos, una situación que inherentemente remueve cualquier competencia. (Figura 4.4)

En promedio, aproximadamente cinco proveedores proponen productos y servicios, lo que tiende a indicar, un nivel eficaz de competencia (salvo por la limitación mencionada anteriormente). Aunque esta cifra debería ilustrar la competencia de la oferta propuesta a las autoridades contratantes, este no es siempre el caso, por ejemplo, algunas categorías de productos comprenden hasta 850 proveedores.

Cuando se observa la media, el análisis demuestra que solo dos proveedores son capaces de competir dentro de la misma categoría de productos (Figura 4.4). Esto sugiere que una cantidad significativa de categorías de productos no es capaz de atraer un número suficiente de licitadores, en especial en la competencia de la segunda etapa. En los Estados Unidos, las competencias de la segunda etapa en el Contrato de adjudicación múltiple (MAS) deben comprender al menos tres proveedores para garantizar un grado razonable de competencia entre los proveedores.

Figura 4.4. Cantidad de productos proporcionados por diferentes cantidades de proveedores

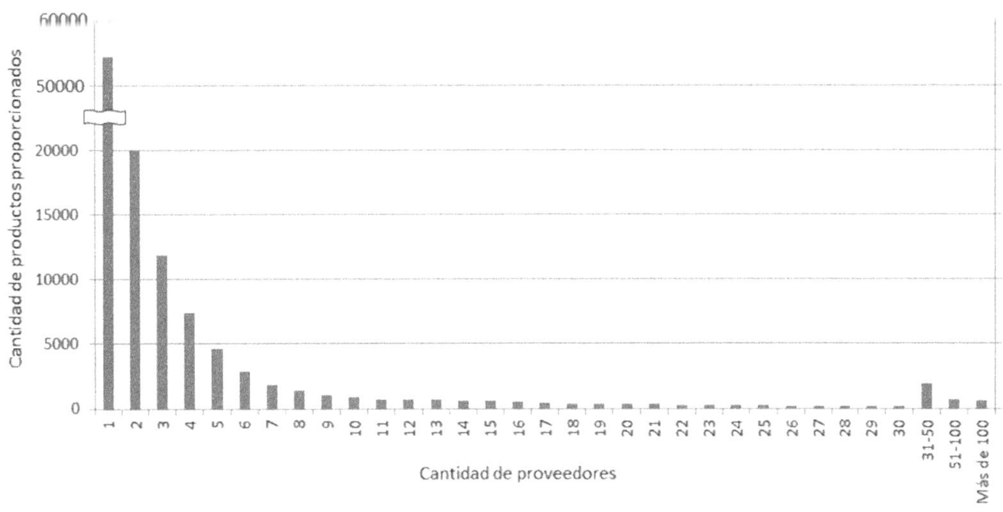

Nota: calculado con base en la base de datos de 117 390 descripciones de productos proporcionada por ChileCompra.

Fuente: Análisis de la OCDE basado en información proporcionada por ChileCompra.

Un número bajo de posibles competidores también hace que la competencia sea más predecible, lo que podría abrir la puerta a prácticas de colusión como ocurrió en México con el Instituto Mexicano del Seguro Social (IMSS), donde se distribuyeron los mercados de compras públicas de medicamentos y drogas entre un pequeño número de proveedores principales quienes de forma colusoria acordaron compartir el mercado (OCDE, 2013).

Al replantearse la categorización de los productos, ChileCompra podría optimizar el proceso de realización de pedidos y fomentar la competencia entre proveedores. Esto facilitaría el proceso de pedido de las autoridades contratantes al eliminar un nivel innecesario de detalles al describir sus necesidades, lo que, a su vez, proporcionará a los usuarios finales una gran cantidad de posibles bienes y servicios que se ajusten a sus necesidades. Si se categorizan y muestran adecuadamente en la plataforma, la variedad de ofertas que se obtenga como resultado podría proponer alternativas para los usuarios finales, lo que los ayudaría a tomar decisiones de compra informadas que van más allá de simplemente comparar aspectos financieros. Los bienes y servicios que estén en la misma categoría de productos podrían, por ejemplo, reagruparse según la clasificación de las propuestas de los proveedores en comparación con otros criterios definidos en la convocatoria a licitación.

En los sistemas de convenios marco coreanos, se identifican bienes y servicios innovadores (programa de excelencia) en la plataforma de modo tal que los usuarios finales pueden decidir comprarlos incluso si los productos que compiten de otros proveedores puedan resultar ser más baratos. Otros países identifican específicamente bienes y servicios que tienen un mejor desempeño ambiental. Esas capacidades de selección, que actúan como filtros, proporcionan información adicional sobre la oferta disponible y pueden otorgarles a las autoridades contratantes la flexibilidad necesaria para perseguir objetivos secundarios de la política al ordenar productos específicos.

Refinar las categorías de productos también ampliaría la competencia entre proveedores en la competencia de la segunda etapa al eliminar las duplicaciones de productos. Por ejemplo, los materiales de capacitación desarrollados por la Administración de Servicios Generales (GSA, en inglés) de los EE. UU. para respaldar los procesos de pedido en virtud del MAS recomiendan evitar la definición de necesidades según una marca específica para no limitar la competencia.

ChileCompra podría respaldar además a las autoridades contratantes para incrementar la rentabilidad con los convenios marco

ChileCompra podría desarrollar respaldo y orientación para ayudar a las autoridades contratantes a impulsar la rentabilidad de los convenios marco. Un área de particular importancia para respaldo adicional es la competencia de la segunda etapa. Aunque representa un porcentaje minoritario de la cantidad total de órdenes de compra (aproximadamente un 0,1 % de la cantidad total de órdenes de compra procesadas cada año), las órdenes aprobadas después de la competencia de la segunda etapa suman en promedio poco más del 28 % del gasto total realizado en virtud de convenios marco para los últimos cuatro años. Esto representó, en valor real, USD 1840 millones de USD 6500 millones de gasto total realizado en virtud de convenios marcos entre 2012 y 2015.

La competencia de la segunda etapa es un hito estratégico en la compra con convenios marco ya que representa el logro de todos los esfuerzos previos en el diseño y la emisión de convocatorias a licitaciones y en la selección de las propuestas más ventajosas. Si este paso no se realiza adecuadamente, todos los esfuerzos centralizados anteriores, por ejemplo en pos de una compra sostenible, se verían perjudicados. La competencia de la segunda etapa también representa un paso más complejo, el cual, para impulsar la rentabilidad, implica tener que recurrir a habilidades de compra estratégica que exceden la mera comprensión del entorno operativo de los convenios marco. En Chile, se realizaron 1268 convocatorias a competencia de la segunda etapa en 2015, en comparación con un total de 124 665 órdenes de compra que se realizaron dentro de convenios marco en 2014. Esta cifra genera más preocupaciones cuando consideramos que las convocatorias en promedio tuvieron un 18,8 % de tasa de respuesta de los proveedores y 599 de ellos (47 %) tuvo una tasa de respuesta de proveedores inferior al 10 % y 309 convocatorias entre 10 % y 20 %. (Figura 4.5)

Figura 4.5. Dispersión de la tasa de respuesta de proveedores a las convocatorias para la competencia de la segunda etapa, 2015

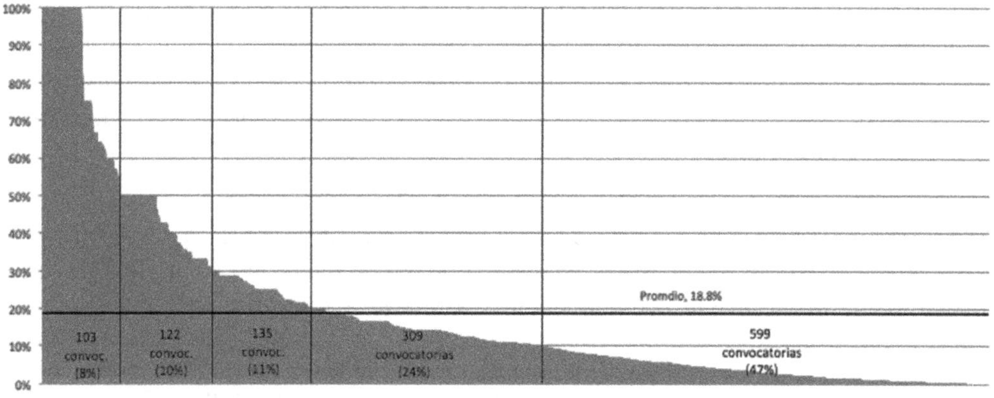

Fuente: ChileCompra

ChileCompra Express es usada por 850 autoridades contratantes. En su página web, ChileCompra proporciona orientación a esta categoría de usuarios finales formada por usuarios obligatorios (gobierno central) y usuarios voluntarios (municipalidades). No obstante, las guías podrían pasar de la descripción operativa actual de los procesos a insistir más en cómo sacar lo máximo de los convenios marco. Estas guías pueden posiblemente ser adaptadas a la medida de las audiencias específicas.

Recuadro 4.1. Respaldo proporcionado a agencias elegibles en Nueva Zelanda

La agencia de compras gubernamentales de Nueva Zelanda (NZGP), que depende del Ministerio de Negocios, Innovación y Empleo, es responsable de la gestión de instrumentos de compra colaborativa, como contratos para todo el gobierno (*All-of-Government*, AoG) que pueden usar las Agencias elegibles (AE) para adquirir una variedad de productos. Los contratos AoG aprovechan el poder de compra colectiva del gobierno al establecer contratos únicos de suministro para la entrega de bienes y servicios seleccionados.

Además de los contratos para todo el gobierno dirigidos por la NZGP, los siguientes dos tipos de contratos colaborativos también están disponibles para las agencias elegibles:

- Contratos sindicados abiertos
- Contratos de capacidad común

Los Centros dedicados de conocimientos (*Dedicated Centers of Expertise*, CoE) en la NZGP gestionan el desarrollo, la negociación, el desempeño de los proveedores y una administración continua del contrato AoG dentro de compras gubernamentales de Nueva Zelanda.

El CoE está para ayudar a las agencias elegibles a evaluar el valor que puede proporcionar el contrato AoG en la fase de implementación y a lo largo de la vida del contrato. Esto podría incluir asesoramiento general relacionado con el contrato, asistencia con el análisis de los ahorros que la agencia elegible puede lograr a través del contrato, además del valor adicional que se puede lograr a través de la compra con buenas prácticas.

Para asistir más a las agencias elegibles en sus operaciones de compra dentro de los AoG, la NGZP desarrolló una guía rápida informativa específica para cada AoG. Estas proporcionan un resumen de:

- las características clave, los beneficios y el alcance del contrato;
- el panel de proveedores;
- las relaciones contractuales entre todas las partes; y
- cómo unirse a este contrato, realizar la transición a él y comprar a partir de él.

Entre los diversos beneficios del contrato, la NGZP enumera las diferentes opciones de compra disponibles dentro del AoG y los posibles ahorros específicos directos e indirectos que se podrían generar a través de este tipo de compra.

Fuente: Compras gubernamentales de Nueva Zelanda, "*All-of-Government Contracts*" (Contratos para todo el gobierno) disponible en http://www.business.govt.nz/procurement/all-of-government-contracts/current-all-of-government-contracts, se consultó el 10 de febrero de 2016.

Además de las guías, ChileCompra proporciona respaldo a las autoridades contratantes a través de un centro de atención telefónica y por medio de actividades de capacitación ya sea en persona o por Internet. Algunos módulos de capacitación están específicamente dedicados a las compras dentro de convenios marco. No obstante, en su mayoría proporcionan un resumen del sistema, cómo usar la plataforma y los principales hitos a observar. No proporcionan información detallada sobre los principios generales de los convenios marco, cómo comprender su estructura o cómo incrementar su rentabilidad.

Cada convenio marco contiene una serie de especificidades que las autoridades contratantes deben comprender claramente para poder tomar decisiones de compra informadas. ChileCompra podría establecer una lista de verificación de eficacia para cada convenio marco. Por ejemplo, orientación sobre los beneficios del ejercicio de planificación de compra para suministros de oficina podría ayudar a las autoridades contratantes en la generación de más economías de escala al agrupar órdenes. Para servicios más complejos, información adicional sobre la definición de necesidades o los criterios de adjudicación ayudaría a los usuarios finales a identificar la opción que proporciona la mejor relación entre precio y calidad.

ChileCompra podría proporcionar apoyo a las autoridades contratantes para desarrollar más estas habilidades. Tomando en consideración las limitaciones en los recursos humanos, los análisis de los comportamientos de compra de las autoridades contratantes (recurrencia de órdenes de compra, cantidad de competencia de la segunda etapa, bienes y servicios más adquiridos, etc.) podría proporcionar perspectivas para definir la estrategia de capacitación correspondiente.

Aunque la capacitación y el respaldo en esta área incrementarían el uso estratégico de los convenios marco por parte de las autoridades contratantes, una competencia genuina entre proveedores adjudicados en la etapa de realización de compras específicas se podría ver perjudicada por la información divulgada al público en la plataforma electrónica. Aunque la transparencia es uno de los pilares de la compra pública en todas las etapas, el momento de divulgación de cierta información puede tener un impacto en la competencia. Para la competencia de la segunda etapa, todos los proveedores invitados a presentar una oferta pueden ver claramente la lista de proveedores a quienes se envió la invitación, pero también aquellos que presentaron una oferta antes de la fecha límite. Esta práctica puede desalentar posiblemente a algunos proveedores a que presenten una propuesta y sabiendo quienes ya respondieron, podría conllevar el riesgo de comportamientos de colusión entre los licitadores. ChileCompra debería reconsiderar el momento en el cual se divulga información sobre la identidad de los proveedores que se contactan en la competencia de la segunda etapa de modo tal que no se perjudique la competencia genuina ni se habilite la colusión.

ChileCompra podría proporcionar información a las autoridades contratantes sobre la relación entre precio y calidad de las propuestas presentadas por los licitadores para respaldar las decisiones de compra informadas

Muchos países de la OCDE están dedicando esfuerzos sustanciales para canalizar el gasto de compras a través de convenios marco a proveedores que satisfacen mejor las necesidades de los usuarios finales o las estrategias de compra adoptadas. Por ejemplo, el organismo centralizado de compras francés implementó en ciertos convenios marco un sistema de rotación de ofertas mediante el cual los proveedores con mejor clasificación en la etapa de la competencia inicial reciben la certeza de una mayor ganancia. A menos que estén debidamente justificadas, las autoridades contratantes luego tienen la obligación de ordenar bienes y servicios de los proveedores con las mejores clasificaciones.

Según una encuesta realizada por la Autoridad danesa de la competencia sobre proveedores adjudicados en virtud de convenios marco, la certeza (o la incertidumbre) de la ganancia es el factor más decisivo que preside la decisión de los proveedores de participar en la convocatoria a licitación para convenios marco (Autoridad danesa de consumidores y competencia, 2015).

Figura 4.6. Proporción de proveedores que no realizan transacciones y porcentajes de ingresos de los 10 proveedores principales en CM

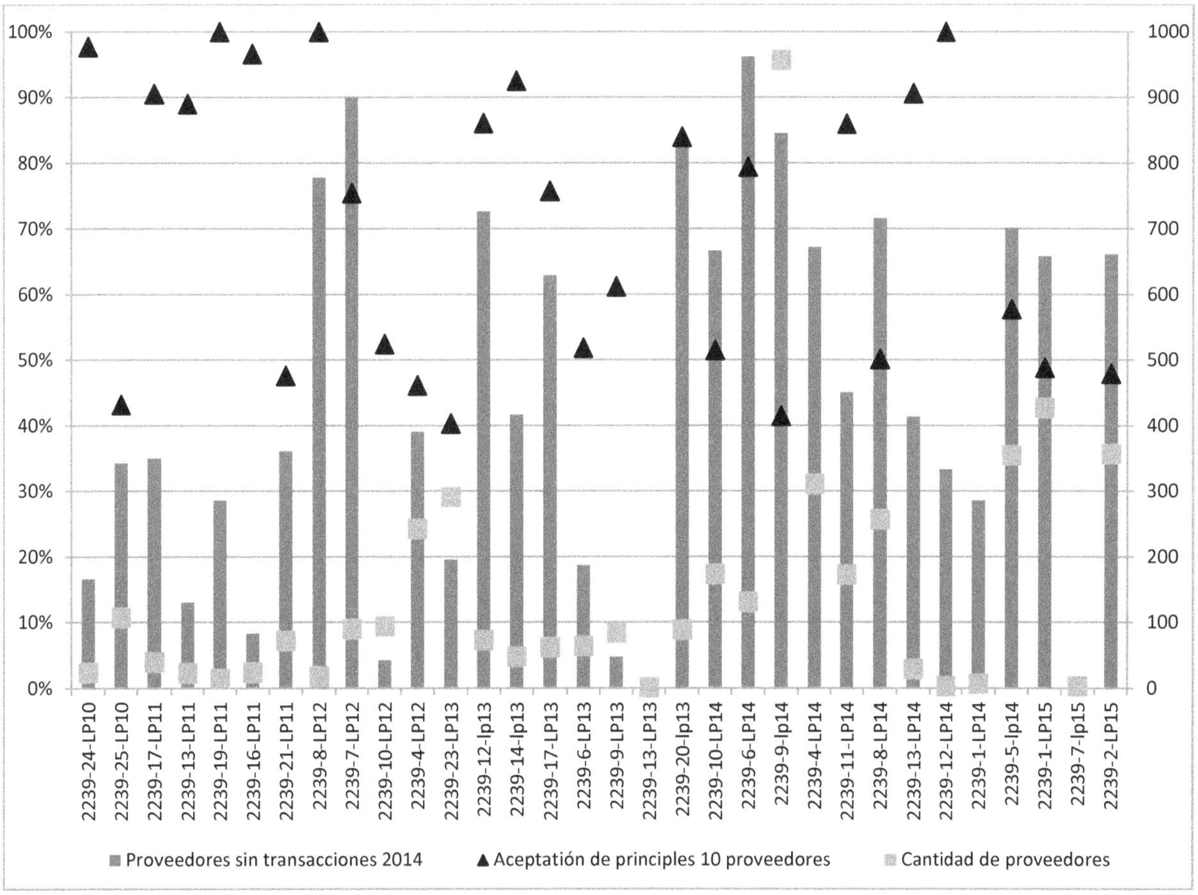

Proveedores sin transacciones 2014 ▲ Aceptatión de principles 10 proveedores Cantidad de proveedores

Fuente: análisis basado en datos proporcionados por ChileCompra

La Figura 4.6 ilustra que en casi todos los convenios marco implementados por ChileCompra, una alta proporción de los proveedores adjudicados (más del 60 %) no ha recibido ninguna orden de compra en 2014. Además, los ingresos proporcionados a los primeros diez proveedores en cada convenio marco representa un promedio del 71 % del gasto total de compras hecho en virtud de estos instrumentos de compra.

Aunque es importante que la naturaleza inclusiva del sistema no sea comprometida, ChileCompra podría implementar medidas para incentivar a los proveedores a presentar propuestas que maximicen la relación entre precio y calidad, en especial para órdenes que se realizaron debajo del límite, por lo que no se necesitaría una competencia de segunda etapa. Por ejemplo, divulgar la evaluación inicial de proveedores de la cual se podría tomar el bien o servicio seleccionado les proporcionaría a las autoridades contratantes información adicional sobre los resultados de la competencia antes de decidir qué proveedor utilizar.

En Finlandia, Hansel, el organismo central de compras del gobierno finlandés, fomenta activamente la responsabilidad social corporativa en sus convenios marco. Este objetivo abarca varias perspectivas, como desempeño ambiental de bienes y servicios y responsabilidad social o financiera. Con base en un estudio de factibilidad, se decide si esas perspectivas se pueden integrar en el proceso de evaluación. Si es así, las ofertas presentadas por los proveedores se evalúan en comparación con esos criterios que forman parte de la clasificación general de proveedores. Este método de selección ayuda a canalizar el gasto de compras a las compañías que se ajustan a los objetivos y las estrategias más amplias del gobierno.

Al tomar en cuenta los resultados de la evaluación inicial de las propuestas recibidas en las decisiones de compra, se podría garantizar una buena relación entre precio y calidad para las autoridades contratantes, en especial en la competencia de la segunda etapa. Una parte de la evaluación inicial podría servir como punto de partida para la competencia de la segunda etapa. Al informar a los proveedores del convenio marco sobre esto, las compañías competirían con mayor intensidad en la primera fase porque sabrían que los esfuerzos iniciales se toman en consideración. Además, también se les proporcionaría la oportunidad a los proveedores de reaccionar y adaptar sus segundas propuestas, lo que generaría un mejor resultado general para las autoridades contratantes.

Referencias

Albano G. L., Nicholas C. (2016), "*The law and economy of framework agreements: designing flexible solutions for public procurement*" (La ley y la economía de los convenios marco: diseñar soluciones flexibles para la compra pública), Cambridge University Press.

Autoridad dinamarquesa de la competencia y del consumidor (2015): estudio sobre la competencia en las compras públicas a través de convenios marco centrales, http://en.kfst.dk/~/media/KFST/Publikationer/Engelsk/2015/20150416 COI.pdf.

Compras gubernamentales de Nueva Zelanda, "*All-of-Government Contracts*" (Contratos para todo el gobierno) disponible en http://www.business.govt.nz/procurement/all-of-government-contracts/current-all-of-government-contracts, se consultó el 10 de febrero de 2016.

OECD (2015), *Survey on Centralised Framework Agreements*, OECD, Paris.

OCDE (2013), Estudio sobre la contratación pública del Instituto Mexicano del Seguro Social: Aumentar la eficiencia e integridad para una mejor asistencia médica, Estudios de la OCDE sobre Gobernanza Pública, OECD Publishing, París. DOI: http://dx.doi.org/10.1787/9789264197480-en.

Capítulo 5.

Gestión eficiente para el mejor desempeño del marco en Chile

Los convenios marco eficientes tienen el objetivo de proporcionar varios beneficios al sector público: generan economías de escala, evitan las duplicaciones y reducen los costos administrativos. Se deberían desarrollar y utilizar herramientas de evaluación multidimensional para garantizar que estos instrumentos de compra colaborativa cumplen sus promesas iniciales. Este capítulo examina los esfuerzos asumidos por ChileCompra y otros países en la supervisión del desempeño global de los convenios marco y los desafíos relacionados con los análisis, en especial al obtener información de respaldo.

Las operaciones efectivas de compra solo existen cuando el contratista ha estado realizando satisfactoriamente el trabajo que le fue asignado. Sin embargo, la evaluación de la efectividad de la compra estratégica debería ir más allá de asegurarse de que los proveedores proporcionan lo que se les solicitó, debería también evaluar la eficiencia de la compra en varias dimensiones.

Como herramienta de compra estratégica, un convenio marco está pensado para alcanzar una serie de objetivos que van desde generar economías de escala y limitar las duplicidades a reducir los costos burocráticos para ambos lados, la demanda y la oferta. La evaluación de la rentabilidad del convenio marco debería examinar, por lo tanto, su desempeño en todas estas dimensiones.

Los beneficios de los convenios marco son multidimensionales, también debería serlo su evaluación

La evaluación del desempeño de compras requiere el desarrollo de procesos y métodos para obtener información de transacciones. Los países miembro de la OCDE comparten una fuerte voluntad para identificar un conjunto de datos relevantes que permita medir el desempeño de las operaciones de compra y el impacto de la compra en objetivos más amplios de la política. No obstante, en la encuesta de la OCDE, los países también informaron continuamente desafíos significativos en términos de consistencia y recabado de información (OCDE, 2013). Estos impedimentos también existen para la evaluación del desempeño de los convenios marco centralizados.

Debido a su rol central, los Organismos centrales de compra (OCC) ofrecen una oportunidad única para analizar la rentabilidad de las compras públicas cuando se utilizan convenios marco. Con un mayor uso de plataformas de compras electrónicas para gestionar las órdenes dentro de este instrumento de compra, los OCC tienen información de fácil acceso que permite el desarrollo de indicadores de desempeño significativos adaptados a convenios marco.

No obstante, aunque son un actor importante de las compras públicas, la mayoría de los OCC no tienen visibilidad sobre los retos de la compra pública dentro de convenios marco, que van desde órdenes de compra hasta desempeño de proveedores. Estos elementos son importantes para una evaluación amplia del desempeño de los convenios marco.

En un intento por abordar este desafío, algunos países como Corea han intentado integrar sistemas de compras electrónicas con sistemas más amplios de gestión de las finanzas públicas con el ánimo de proporcionar visibilidad sobre la fase de ejecución de las órdenes de compra. Otros países, como Italia, han puesto mayor énfasis en una retroalimentación institucionalizada o ad hoc sobre el desempeño de los proveedores por parte de las autoridades contratantes.

La consistencia de la información es un reto adicional, en especial, cuando se trata de evaluaciones de desempeño. Debido al entorno operativo específico de los convenios marco, las diferentes partes interesadas introducen la información en un sistema de compra electrónica. Lo que pone de manifiesto la pregunta sobre cómo desarrollar una tipología común y un vocabulario acordado.

Independientemente de los aspectos medidos, los indicadores de desempeño dependen inherentemente de datos, y los países informan regularmente desafíos en la recopilación de información de compras de autoridades contratantes descentralizadas

(OCDE, 2014). Por lo tanto, se ha llegado a un consenso sobre la tipología de los datos a reunirse y los procesos de control de calidad implementados para garantizar la comparabilidad. También se debe prestar atención a las definiciones de la información de compra que se debe reunir. Esto deberá ser comunicado ampliamente a nivel interno para garantizar la recolección de la información estandarizada de las autoridades contratantes subnacionales o la disponibilidad de una tabla de correspondencias.

Los convenios marco centralizados agrupan las necesidades de autoridades contratantes diferentes y heterogéneas. Por lo tanto, la primera dimensión del acuerdo marco en la cual se debería medir la eficiencia debería ser el nivel de adecuación de este instrumento de compra para satisfacer las necesidades del usuario final.

El impacto de los convenios marco en las autoridades contratantes y la recurrencia de la compra en una categoría específica de productos están entre las principales razones citadas por los países del OCDE para implementar un convenio marco. Por consiguiente, la efectividad de este instrumento para alcanzar este objetivo constituye el primer paso en la medición del desempeño un convenio marco.

Esta evaluación podría realizarse de dos formas: la satisfacción subjetiva de las autoridades contratantes hacia un convenio marco específico y la vinculación objetiva de las necesidades de los usuarios con la oferta proporcionada en el instrumento. Aunque la primera evaluación podría estar sujeta a la emisión de encuestas periódicas o reuniones informativas con las autoridades contratantes, la segunda requiere evidencia contundente sugerida por los análisis derivados de los datos de las transacciones.

El nivel de satisfacción subjetiva de las autoridades contratantes con frecuencia es alto, dado que los beneficios generales de los convenios marco son comúnmente reconocidos (NAO, 2010). No obstante, usar estratégicamente esta herramienta de compra conlleva decisiones de compra de autoridades contratantes que deberían depender de una serie de información, desde la existencia de los convenios marco hasta los beneficios tangibles que pueden obtenerse a partir de su uso.

Recuadro 5.1. Información sobre los convenios marco en el Reino Unido

La Oficina Nacional de Auditoría (*National Audit Office*, NAO) en el Reino Unido llevó a cabo una encuesta sobre el uso de la compra colaborativa en el sector público en ocho categorías de productos. Para hacerla se envió un cuestionario en línea a 291 directivos de compras de organismos centrales de gobierno, fundaciones de salud y autoridades locales. El cuestionario tuvo una tasa de respuesta del 64 %.

De las respuestas, el 93 % de los organismos públicos había utilizado un convenio marco durante 2008-09. No obstante, hubo una amplia variación en la suma de gastos que los organismos individuales estaban canalizando a través de estos acuerdos existentes.

Entre esos organismos que habían utilizado convenios marco en 2008-09, un 84% de los directivos de compra creían que estos acuerdos siempre o con frecuencia resultaban en una mejor relación entre precio y calidad que la que se podía obtener al actuar de forma independiente. Y un 83 % de ellos también creía que había potencial para mejorar la relación entre precio y calidad al incrementar la colaboración.

El análisis demuestra que hubo una cantidad significativa de directivos de compras que creían que la calidad de la información de gestión de compras disponible para su organismo era pobre o muy pobre. Alrededor de un 5 % no supo cómo calificar la calidad de su información de gestión de compras.

Recuadro 5.1. Información sobre los convenios marco en el Reino Unido
(continuación)

Aunque un 79 % de los organismos a menudo compararon las especificaciones del producto con las que estaban en los acuerdos colaborativos existentes, hubo una cantidad significativa que no realizó comparaciones de forma regular. Un tercio de los directivos de compra indicó que tuvieron información pobre, muy pobre o nula sobre el mercado general de la oferta y el desempeño de sus proveedores actuales.

Aunque más de la mitad creyó que había suficiente información disponible sobre acuerdos colaborativos en seis de las ocho categorías, una cantidad significativa creyó que no había suficiente información o que no sabía.

Más de la mitad de los organismos no produjeron, para ninguno de sus ejercicios significativos de compra, los documentos de evaluación clave de un caso comercial, el análisis de la opción de oferta o la evaluación de los acuerdos colaborativos existentes.

Fuente: Oficina Nacional de Auditoría (2010), *"A Review of Collaborative Procurement Across Public Sector"* (Revisión de la compra colaborativa en el sector público) disponible en https://www.nao.org.uk/report/a-review-of-collaborative-procurement-across-the-public-sector-4/, que se consultó el 19 de enero de 2016.

El nivel de gastos en compras públicas canalizado a través de los convenios marco para cada categoría específica de productos podría ser una primera indicación sobre el alcance de la respuesta a las necesidades de los usuarios. Un análisis mayor sobre el gasto en compras realizado dentro de convenios marco por parte de usuarios voluntarios podría dar información adicional sobre si los convenios marco son atractivos a nivel global.

Además del nivel global de cobertura de los convenios marco, las tendencias de compra de productos disponibles dentro de cada instrumento podrían proporcionarles a los organismos centrales de compras una mayor comprensión de las necesidades de las autoridades contratantes, información poderosa que podría ayudar a diseñar las futuras estrategias de compra. Este análisis también puede ofrecer vinculaciones con la evaluación del desempeño de los convenios marco para generar economías de escala y reducir los costos burocráticos a nivel central y local.

Se entiende que una mayor agrupación de la demanda a través de una cantidad limitada de productos estandarizados tiene el potencial de generar economías de escala (Albano y Nicholas, 2016). Sin embargo, como se trató anteriormente, es probable encontrar economías de escala en productos donde los costos de producción comprenden una fracción considerable de los costos fijos. Si estos costos fueran menos propensos a las variaciones de los volúmenes de producción, a mayor agrupación de compras, menor el costo por unidad de cada producto.

La agrupación de compras, tiene el potencial de atraer precios más competitivos de los proveedores, así como también tiene un impacto directo en los costos de procesamiento. Analizando los costos que se derivan de la emisión de órdenes de compra se obtiene una base para los cálculos de los ahorros administrativos para las autoridades contratantes que son generados por el uso de los convenios marco. Los parámetros podrían englobar varias dimensiones, como costos relacionados con la ausencia de procesos claros de compra, la duración de estos pasos evitados y la reducción del período de realización de órdenes.

Aunque las evaluaciones de desempeño de los convenios marco con frecuencia intentan medir su impacto en los costos burocráticos para las autoridades contratantes, una evaluación amplia del desempeño también debería integrar la influencia de los convenios marco en los costos de gestión operativa dentro del OCC. Esto se aplica especialmente cuando las entidades centralizadas tienen poderes discrecionales para tomar decisiones sobre la implementación, tipología y cobertura de los convenios marco. Cuando la decisión de implementar o renovar convenios marco recae en los OCC, incluye una evaluación de costo y beneficio de su impacto en las actividades de gestión operativa centralizada.

No obstante, tomar en cuenta los costos administrativos centralizados necesarios para implementar los convenios marco solo proporcionaría una evaluación parcial del impacto de los convenios marco en los OCC. Existe también el costo correspondiente a la administración del sistema electrónico en el cual hay bienes y servicios disponibles para realizar las órdenes y actualizaciones de productos. Las actividades administrativas ex post a la adjudicación con frecuencia representan una porción significativa de recursos, financieros y humanos, de los OCC dedicados a la gestión de los convenios marco.

El tiempo gastado en administrar convenios marco otorgados depende principalmente de dos grandes factores: las reglas y los procedimientos definidos para la gestión de la base de datos de productos y la recurrencia probable de solicitudes de cambios presentadas por los proveedores adjudicados. Los métodos que les proporcionan principios guía a los proveedores para solicitar modificaciones en sus ofertas generan una menor flexibilidad en términos de cambios solicitados por los proveedores. Sin embargo, tienden a reducir la cantidad de tiempo asignado a esta actividad.

La cantidad de proveedores adjudicados en un convenio marco también impacta los recursos necesarios para gestionar las actualizaciones de la información de los productos en el sistema electrónico, de ahí el desempeño general de los convenios marco.

Evaluar el impacto y los beneficios tangibles de los convenios marco en el lado de la demanda debería complementarse con su influencia en el lado de la oferta. Analizar el desempeño de los convenios marco a través de la óptica del desempeño de los proveedores en la entrega de bienes y servicios satisfactorios en virtud de convenios marco les proporciona a los OCC información amplia sobre su funcionamiento general.

Se podrían desarrollar varios indicadores de desempeño para medir el impacto en los proveedores, desde la relación de proveedores adjudicados en convenios marco y que reciben efectivamente órdenes de compra, y el nivel de adherencia a las obligaciones contractuales, incluso los tiempos de entrega y plazos de pago. Estos indicadores proporcionarían información útil a los OCC para guiar las estrategias futuras de compra hacia la implementación de convenios marco. Esto les permitirá a las entidades centralizadas evaluar la adecuación del grupo de proveedores, su asignación geográfica y la relevancia de los criterios de evaluación para identificar proveedores comprometidos.

En países en los que los proveedores adjudicados en convenios marco no tienen la obligación de responder a las órdenes de compra subsiguientes, la relación de respuesta podría brindarles a los OCC alguna indicación adicional sobre la vinculación de las necesidades de las autoridades contratantes con las capacidades del mercado.

Reducir los costos burocráticos y generar ahorros

Medir el desempeño de los convenios marco en países miembros de la OCDE tiene el objetivo principal de respaldar la evaluación inicial de la relación entre costos y beneficios sobre la decisión de implementar o renovar ese instrumento.

Las actividades de gestión en virtud de los convenios marco impactan a los OCC, así como a los proveedores que adjudicados.

Figura 5.1. Modificaciones a las ofertas permitidas a los proveedores

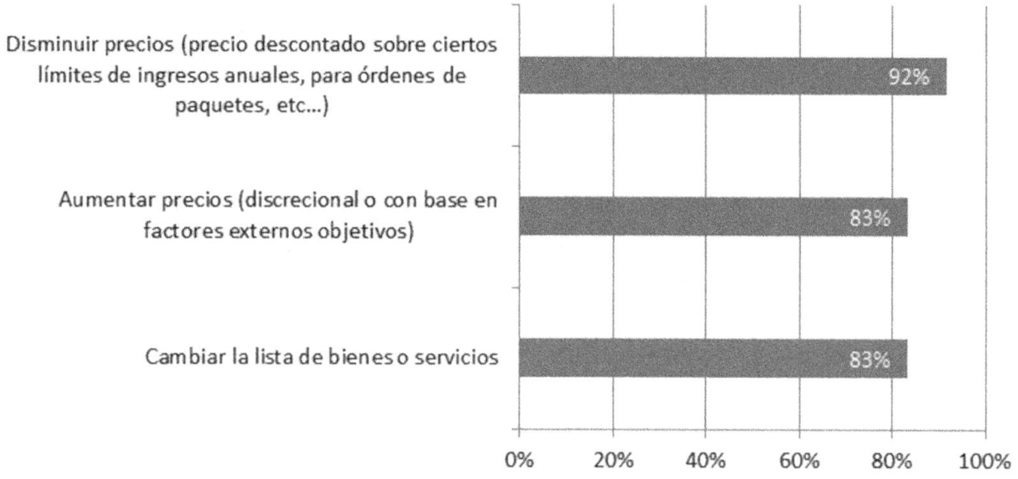

Nota: el color celeste claro indica donde Chile no forma parte.

Fuente: Encuesta de la OCDE sobre convenios marco centralizados.

Casi todos los preguntados por la encuesta de la OCDE aceptan los precios disminuidos propuestos por los proveedores, lo cual no es sorprendente si consideramos la filosofía dominante de los instrumentos de compra colaborativa. En algunos casos, los licitadores han proporcionado las presentaciones iniciales de precios sin ninguna certeza de ganancia. Por lo tanto, cuando hay una agrupación de compras se materializa en órdenes de compra, se incentiva a los proveedores a ofrecer descuentos. En la mayoría de los países encuestados, los OCC aceptan otras modificaciones a las presentaciones iniciales, ya sea un aumento de precio o un cambio en las ofertas. Estas modificaciones podrían ser útiles para mantener a los bienes y servicios proporcionados dentro de los convenios marco alineados con las principales tendencias del mercado y obsolescencia de productos. No obstante, la mayoría de los encuestados proporciona un marco estructurado para estas modificaciones.

Figura 5.2. Marco para modificaciones de ofertas

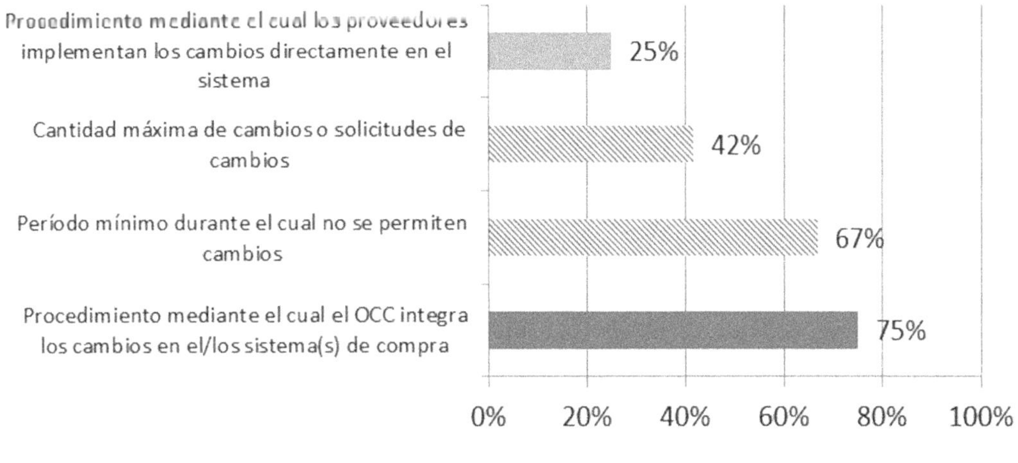

Procedimiento mediante el cual los proveedores implementan los cambios directamente en el sistema 25%
Cantidad máxima de cambios o solicitudes de cambios 42%
Período mínimo durante el cual no se permiten cambios 67%
Procedimiento mediante el cual el OCC integra los cambios en el/los sistema(s) de compra 75%
0% 20% 40% 60% 80% 100%

Nota: el color celeste claro indica donde Chile no forma parte. Las barras con relleno diagonal indican donde solo se aplica a algunos convenios marco en Chile.

Fuente: Encuesta de la OCDE sobre convenios marco centralizados.

Los procesos estructurados para actualizar o modificar las ofertas de los proveedores, como parte del entorno operativo de los convenios marco, contribuyen a enmarcar el desempeño global del convenio. Esto tiene un impacto en la competencia de las ofertas proporcionadas por los proveedores, y los esfuerzos del OCC para la administración de la plataforma electrónica. Aunque una amplia mayoría de los OCC supervisa la integración de las modificaciones a las plataformas electrónicas, pocos países permiten que los proveedores integren directamente los cambios en el sistema.

Los países de la OCDE pueden evaluar la eficacia de los procesos que podrían conducir a un buen desempeño de los convenios marco, así como evaluar su desempeño objetivo en una serie de perspectivas. La recolección de evidencia de cómo se desempeñan los convenios marco podría servir para varios objetivos que incluyen dar forma a las futuras decisiones de compra.

Figura 5.3. Información utilizada para supervisar los CM

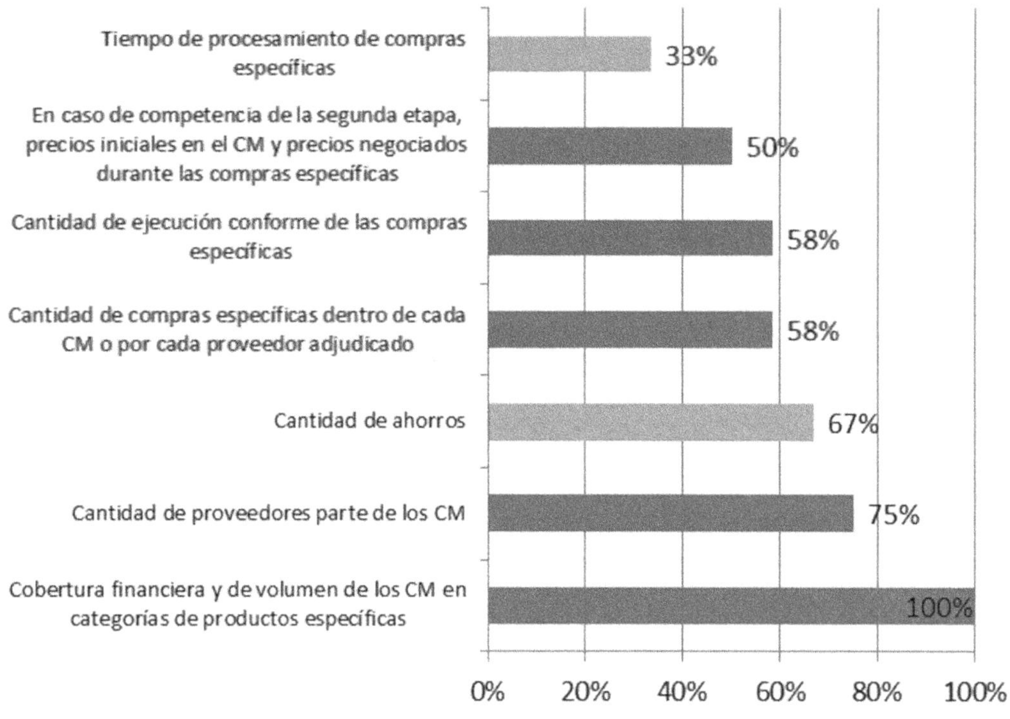

Nota: el color celeste claro indica donde Chile no forma parte.

Fuente: Encuesta de la OCDE sobre convenios marco centralizados.

Los convenios marco están diseñados para proporcionar una serie de beneficios del agrupamiento de necesidades, generando así economías de escala, reduciendo costos burocráticos y agilizando procesos. Por lo tanto, no es una sorpresa que todos los encuestados evalúen la cobertura de los convenios marco en comparación con una categoría específica de productos. Cuanto mayor es la cobertura, mayor es el potencial de generar ahorros a partir de la consolidación de la demanda.

Aunque los métodos de cálculo de ahorros difieren entre los países interrogados por la encuesta de la OCDE, la mayoría de los encuestados evalúa la eficiencia de los convenios marco en la generación de beneficios financieros. La evaluación del desempeño financiero de los convenios marco se podría realizar desde dos perspectivas diferentes una exógena y otra endógena.

El desempeño exógeno se mide en comparación con los precios que se pagan fuera del convenio marco o los precios históricos. En Francia, los ahorros que se relacionan con los convenios marco renovados se calcula en comparación con los precios históricos. En Italia, los ahorros se calculan utilizando una metodología que compara el valor adjudicado con el costo promedio pagado por las autoridades contratantes. En Chile, los ahorros financieros se calculan sobre la base de la diferencia del precio propuesto por los licitadores adjudicados dentro de los convenios marco y el precio promedio propuesto por al menos tres proveedores fuera del instrumento de compra. Aunque brinda indicaciones iniciales sobre la competencia de los convenios marco en comparación con las compras ad hoc, el tamaño de la muestra podría plantear preguntas acerca de un posible sesgo en la selección.

El desempeño endógeno implica evaluar los beneficios financieros alcanzados dentro de los convenios marco. Donde hay una competencia de segunda etapa, muchos países están calculando los ahorros utilizando la diferencia entre los precios iniciales de lista y aquellos ofrecidos por proveedores después de la minicompetencia.

Recuadro 5.2. Desafíos en la evaluación de los ahorros generados por los convenios marco

Los siguientes desafíos existen cuando se trata de realizar una evaluación comparativa de ahorros logrados con la compra pública:

Metodología de cálculo: un amplio rango de métodos de cálculo se aplican en los países miembro de la OCDE según la naturaleza de los mecanismos de contratación o según la perspectiva identificada, en particular:

- Comparación entre precios históricos o precio de referencia basada en el análisis del mercado y el precio final propuesto por el proveedor adjudicado.
- Evaluación del costo total de propiedad de productos o servicios adquiridos y comparación con los precios de referencia.
- Comparación entre la lista de precios propuesta por los proveedores adjudicados en la primera etapa de competencia, o el precio promedio histórico pagado por las autoridades contratantes, y el precio descontado obtenido después de la competencia de la segunda etapa.
- Comparación entre costos históricos de mano de obra o procesamiento y nuevos costos de mano de obra o procesamiento.

Agrupación de necesidades: el nivel de cobertura de los OCC varía en gran medida entre los países de la OCDE, de ahí el impacto de sus esfuerzos en generar ahorros a lo largo del ciclo de compra. Considerar estas diferencias en términos de participación de los OCC en la realización de la compra pública es crucial para garantizar una correcta comparación de actividades.

Sesgo de selección: definir un ámbito común de análisis podría respaldar una comparación significativa. La información recabada en los OCC en países de la OCDE demuestra diferencias horizontales o verticales en términos de competencias.

Fuente: OCDE (2014), Encuesta sobre contratación pública y OCDE (2015), Encuesta sobre convenios marco centralizados.

Además de medir el impacto financiero de los convenios marco, un tercio de los encuestados también están evaluando los beneficios de los costos de procesamiento en comparación con el costo de la compra ad hoc. De nuevo, hay diferentes metodologías. Chile calcula los ahorros en los costos de procesamiento al estimar la diferencia entre costos relacionados con la emisión de una orden de compra dentro de un convenio marco y los costos generados por la emisión de una licitación pública o un procedimiento de adjudicación directa.

Aunque el resultado de este ejercicio debería proporcionarles a los OCC información tangible sobre el nivel de reducción de costos burocráticos, de ahí la eficiencia procesal de los convenios marco, esta metodología presupone un acceso a un rango de información que está aparentemente casi no disponible en países de la OCDE. Evaluar esta perspectiva de desempeño implica tener información sobre los costos de proceso de la compra directa (es decir, los salarios de los empleados públicos de compras y los plazos estandarizados por tipo de procedimientos de compra), así como, un ejercicio de trazado armonizado de roles y responsabilidades dentro de las autoridades contratantes para garantizar que los costos indirectos, como las aprobaciones jerárquicas o validaciones presupuestarias, también estén en esta evaluación.

Portugal mide los costos de procesamiento al evaluar el impacto administrativo de la agrupación de las demandas. Dentro del sistema de convenios marco portugués, las autoridades contratantes pueden agrupar sus órdenes en una sola compra específica. Aunque información procesal es requerida para adjuntar una estimación financiera a este cálculo, el ejercicio inicial podría proporcionar una indicación relativa en términos del porcentaje de costos procesales ahorrados a través del uso de convenios marco.

Se necesitan recursos humanos para la evaluación de desempeño de los convenios marco

La implementación de un convenio marco proporcionará beneficios insuficientes si no se acompañan con estrategias diseñadas para facilitar más la gestión de este instrumento, incentivando al lado de la oferta a participar y proporcionar información amplia de compras que permitan el desarrollo de indicadores clave de desempeño.

ChileCompra podría optimizar las actualizaciones de productos para aprovechar los beneficios tangibles de los convenios marco

Optimizar y racionalizar los procesos relacionados con las actualizaciones de productos en ChileCompra Express podría ser una herramienta poderosa para aumentar los beneficios de los convenios marco. Esto liberará recursos internos de ChileCompra y también permitirá un enfoque más estratégico en la gestión de categorías de productos, resultando en convenios marco más personalizados y proporcionando el potencial para el desarrollo de más instrumentos.

A partir de finales del 2015, ChileCompra Express incluyó más de 115 000 productos diferentes que son proporcionados por alrededor de 6000 proveedores. Estos proveedores pueden solicitar modificaciones a sus ofertas en cualquier punto en el tiempo durante el plazo de los convenios marco. Pueden solicitar un cambio en las especificaciones y los precios de los productos o agregar nuevos productos. En 2015, ChileCompra recibió alrededor de 436 000 solicitudes de actualizaciones de productos mientras que casi la mitad (49,3 %) de los productos de los convenios marco no se piden una vez. Más de 250 000 solicitudes se relacionaron con ofertas a precio de descuento por una cantidad limitada de tiempo (Figura 5.4).

La cantidad de solicitudes tiene un impacto drástico en los recursos humanos dedicados a la gestión operativa de convenios marco y puede limitar la posibilidad de cambio hacia actividades de compra más estratégicas. Se estima que en 2015, se dedicaron un total de 16 564 horas para procesar 436 000 solicitudes y se dedicaron 46,5 horas en promedio por día a procesar solicitudes sobre el agregado de nuevos productos[1] (Figura 5.4). Estas actividades, que mayormente son realizadas por gestores de categorías, requieren casi 10 empleados a tiempo completo que procesen, en promedio, 22 solicitudes por hora. Por lo tanto, casi evita que estos empleados de compras se concentren en el análisis del mercado y de la demanda que permita las decisiones estratégicas sobre el desarrollo de convenios marco. Por otra parte, también desafía la creación de nuevos convenios marco en otras áreas estratégicas que podrían proporcionar potencial para economías de escala a través de la agrupación de necesidades, como por ejemplo en las telecomunicaciones, dado que generará automáticamente un incremento insostenible en el tiempo de gestión operativa.

Figura 5.4. Cantidad de solicitudes de modificación y horas estimadas dedicadas por día para procesarlas (2015)

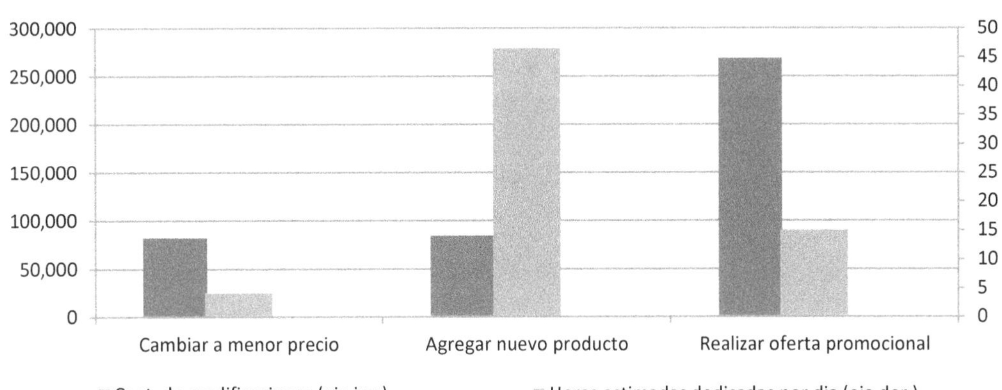

ChileCompra debería identificar medios alternativos para ayudar a abordar estas cargas. Como primer paso, podría considerar revisar los procesos mediante los cuales los proveedores solicitan modificaciones de productos y ChileCompra las valida.

Los procesos definidos para las actualizaciones de productos están estructurados alrededor de evaluaciones paralelas de solicitudes, primero desde una perspectiva técnica para garantizar que las especificaciones técnicas de los cambios se puedan integrar sin problemas a la plataforma, y segundo que el cambio sea apropiado desde una perspectiva de compras. Estos dos procesos son llevados a cabo simultáneamente por los respectivos equipos en ChileCompra, lo que podría conducir a duplicaciones de esfuerzos. Si el empleado responsable de la evaluación de la adecuación de la solicitud que considera la tipología de los productos rechaza la modificación, el equipo responsable de garantizar el cumplimiento técnico habrá trabajado para nada. Implementar una evaluación secuencial de solicitudes mitigaría el riesgo de duplicaciones de esfuerzos.

Considerando la cantidad de solicitudes relacionadas con ofertas descontadas y el proceso relativamente sencillo requerido para implementar estos cambios temporales, ChileCompra podría considerar retirar el paso de verificación en esos casos. Esta decisión ayudaría a reducir la carga de trabajo general de los equipos responsables de las actualizaciones de productos en casi un 25 %.

Identificar soluciones técnicas que faciliten los procesos de actualización de productos le proporcionaría a ChileCompra beneficios tangibles inmediatos.

Recuadro 5.3. Integrar actualizaciones y catálogos de productos en GSA Advantage!

La Administración de Servicios Generales (GSA, en inglés) de los EE. UU. selecciona proveedores en virtud del programa de Contrato de adjudicación múltiple. GSA Advantage! es la plataforma de compras en línea para agencias gubernamentales y contiene productos y servicios aprobados por la GSA. Al utilizar este sistema de base de datos impulsado por un menú, los compradores del gobierno pueden buscar los productos que necesitan, comparar precios e información de productos (en casos en los cuales hay más de un proveedor) y realizar sus pedidos.

Todos los contratistas del contrato de la GSA tienen la obligación de presentar catálogos electrónicos y listas de precios a GSA Advantage! hasta un máximo de seis meses después de la adjudicación del contrato. Se pueden presentar utilizando el software Schedule Input Program (SIP), disponible para descargar en la página web del Centro de asistencia técnica para proveedores de la GSA (*Vendor Support Center*, VSC) en http://vsc.fss.gsa.gov o utilizando el formato de Intercambio electrónico de datos (EDI, en inglés).

A través de esas dos tecnologías diferentes, los contratistas de los Contratos de adjudicación múltiple pueden preparar su catálogo electrónico completo en un formato que estará directamente integrado en GSA Advantage! La GSA identifica de forma única cada producto utilizando una combinación del número de contrato del contratista más el número de parte del fabricante. Cada producto presentado debe tener un número único de parte del fabricante; incluso aunque dos o más fabricantes tengan exactamente el mismo número de parte.

Una vez que se sube el catálogo, se reenviará al empleado público de contratación de la GSA/VA para que los revise. Una vez que el empleado de contratación ha revisado el catálogo, se envía un correo electrónico (o FAX, teléfono) al Contratista en el que se indica si se aprobó o rechazó el archivo y las razones del rechazo, si corresponde. También se generará un archivo de respuesta de SIP después de que el empleado de compras haya revisado el archivo del Contratista.

Los archivos que contengan reducciones temporales en el precio se cargarán automáticamente a GSA Advantage sin la aprobación del empleado de compras.

Fuente: adaptado del Centro de asistencia técnica para proveedores de la GSA en https://vsc.gsa.gov/faq/startup-kit.cfm.

ChileCompra podría usar herramientas tecnológicas mejoradas para respaldar y facilitar los procesos relacionados con las actualizaciones de productos. Para este fin, se podría crear un Consejo asesor de proveedores dedicado para trabajar en las transformaciones tecnológicas con el fin de garantizar que las limitaciones operativas de ChileCompra y las capacidades técnicas de los proveedores se toman en cuenta. Este esfuerzo ayudaría a salvaguardar la inclusión general del sistema sin dejar de proporcionar un entorno operativo más sostenible para las actualizaciones de productos. Las respuestas tecnológicas y procesales a este desafío disminuirán los costos y las cargas de procesamiento dentro de ChileCompra, también desbloquearían el potencial para incrementar la cobertura global de los convenios marco al proporcionar la oportunidad de desarrollar instrumentos adicionales.

ChileCompra podría desarrollar una evaluación estructurada del desempeño de los proveedores para fomentar la eficacia de los convenios marco

El desempeño de los convenios marco debería evaluarse desde la perspectiva de la demanda, y también desde el lado de la oferta. Si consideramos la relación específica implícita en este instrumento de compra donde se pide a los proveedores que cumplan con solicitudes futuras e hipotéticas, un entorno de desempeño debería asegurarse de que los proveedores adjudicados son aptos para este fin..

La entrega satisfactoria de bienes y servicios es central para ayudar a las autoridades contratantes a identificar los proveedores a los cuales se pedirán productos. Este componente es crucial para la eficacia general de los convenios marco (Racca, 2010). Uno de los principales deberes de los OCC es por lo tanto, diseñar e implementar relaciones contractuales con proveedores que sean favorables para el desempeño de estos últimos.

Considerando las limitaciones existentes de ChileCompra Express que no integra a la perfección la información sobre la ejecución de las órdenes, se debería realizar una evaluación del desempeño de los proveedores del sistema electrónico. La mera fuente de información relacionada con la ejecución de las órdenes reside en la información voluntaria proporcionada por las autoridades contratantes. Cuando no se ha ejecutado satisfactoriamente una orden de compra, las autoridades contratantes pueden indicarle a ChileCompra que se aplicaron sanciones y las razones subyacentes.

En su mayoría, esto toma la forma de multas contractuales correspondientes con una parte del valor total del contrato. En este sentido, los sistemas de multas fuertes, pero proporcionales, ayudan a garantizar que los proveedores respeten sus compromisos. El sistema debería aplicarse consistentemente a lo largo de las autoridades contratantes.

Además de una evaluación del desempeño de los proveedores a través de la óptica de la sanción, ChileCompra podría desarrollar un proceso de inspección mediante el cual se evalúe de forma minuciosa e independiente el desempeño de los proveedores seleccionados en comparación con objetivos específicos.

Esta forma de evaluación, aunque no cubre el grupo completo de proveedores, podría proporcionarle a ChileCompra evidencia detallada sobre los compromisos de los proveedores en pos de la ejecución de órdenes de compra dentro de los convenios marco. Este tipo de análisis también le ofrecería a ChileCompra una flexibilidad para enfocarse en temas de particular importancia. Según las orientaciones estratégicas, ChileCompra podría aplicar este esquema a proveedores en una categoría específica de productos o a proveedores de volumen alto en varias categorías de productos.

Recuadro 5.4. Evaluación de desempeño de los proveedores en Consip

1. Tecnicismos

La supervisión de los niveles cualitativos de servicio proporcionados por los proveedores se basa en el análisis de 5 macrocategorías (en cada convenio marco).

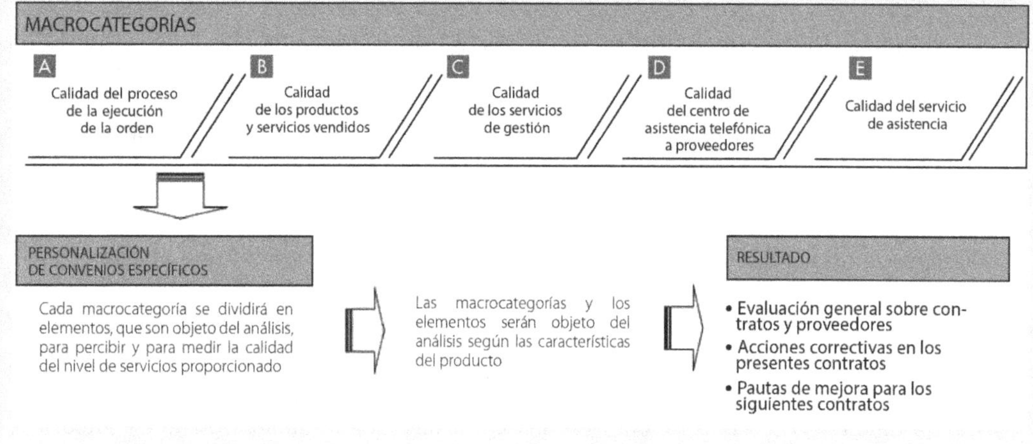

2. Herramientas

El Equipo de supervisión de ofertas emplea las siguientes 3 herramientas:

- Inspecciones: inspecciones del desempeño de los proveedores con el fin de verificar el acatamiento de los niveles de servicio requeridos en el contrato (requisitos técnicos). Se acredita un Organismo externo de inspección cada 2 años para que desarrolle esta actividad. Los proveedores supervisados pagan los costos de las inspecciones.
- Encuesta: las encuestas se finalizan para medir la percepción de los niveles de servicio de los proveedores. Un centro de atención telefónica desarrolla esta actividad.
- Reclamos: colección y análisis de reclamos de las Administraciones públicas con el fin de identificar los convenios que tienen un desempeño inferior a los requisitos en términos de servicios de calidad proporcionados.

3. Financiamiento de inspecciones

Cada convenio genera un presupuesto específico para financiar las inspecciones. Este presupuesto se calcula proporcionalmente sobre la cantidad de dinero gastado a lo largo del convenio (la suma máxima pagada por el proveedor es igual al 0,5 % de la suma gastada). Consip autoriza al proveedor a pagar el Organismo externo de inspección. Para garantizar los pagos de las inspecciones, Consip le exige al proveedor una garantía específica.

4. Metodología

Los resultados de las Encuestas y las Inspecciones se utilizan según los diferentes pesos para producir un indicador que demuestre el desempeño de los proveedores dentro de los convenios marco existentes.

Recuadro 5.4. Evaluación de desempeño de los proveedores en Consip *(continuación)*

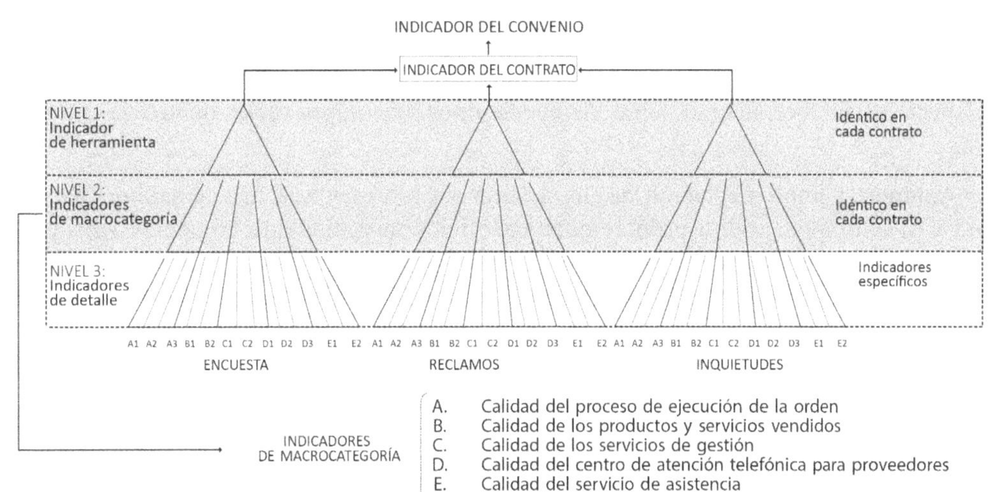

Durante la supervisión de los proveedores, el Equipo asigna un puntaje a cada elemento verificado para el cómputo de los indicadores hasta las fechas reunidas con las encuestas e inspecciones.

La metodología de análisis define tres bandas para el cómputo de las calificaciones:

Calificaciones	1	2	3	4	5
Indicador % de nivel de servicio	0 %	25 %	50 %	75 %	100 %
Rango	Alerta		Advertencia		En el objetivo

- "ALERTA" cuando la calificación es equivalente al 50 % o menor
- "ADVERTENCIA" cuando la calificación está entre el 51 % y el 74 %
- "EN EL OBJETIVO" cuando la calificación es equivalente al 75 % o más

Fuente: Consip, supervisión de la oferta.

Al implementar una evaluación cualitativa estructurada del desempeño de los proveedores, tomando en cuenta las limitaciones tecnológicas existentes, ChileCompra creará un lugar para mayor eficiencia en la gestión de los convenios marco. Al comunicar además sobre estos esfuerzos, ChileCompra podría fortalecer los compromisos de la comunidad de proveedores, minimizando así la aplicación de sanciones contractuales y fomentando la gestión de relaciones con proveedores. Esto representará un cambio de cumplimiento de contrato a gestión de contrato.

Un sistema integral de adquisición a pago le proporcionaría a ChileCompra una mayor visibilidad sobre el ciclo global de compra.

Los diversos esfuerzos asumidos por ChileCompra en la gestión de convenios marco se simplificarían en gran medida con la implementación de una plataforma electrónica que cubra la totalidad del ciclo de compra. Esto le proporcionará a la autoridad central información sobre la ejecución de las órdenes de compra, brindando en consecuencia perspectivas de fácil acceso sobre las operaciones de compra reales dentro de convenios marco.

Aunque la implementación de un sistema así representaría una inversión financiera para ChileCompra, podría proporcionar beneficios tangibles que compensen los costos iniciales. Un sistema integral ofrecería una visibilidad integral del gasto e información armonizada de compras. Esto puede también ayudar a abordar uno de los principales desafíos informados por países de la OCDE en sistemas de compra electrónica que se relaciona con la fiabilidad y consistencia de la información (OCDE, 2014).

Recuadro 5.5. Conexiones de datos en KONEPS

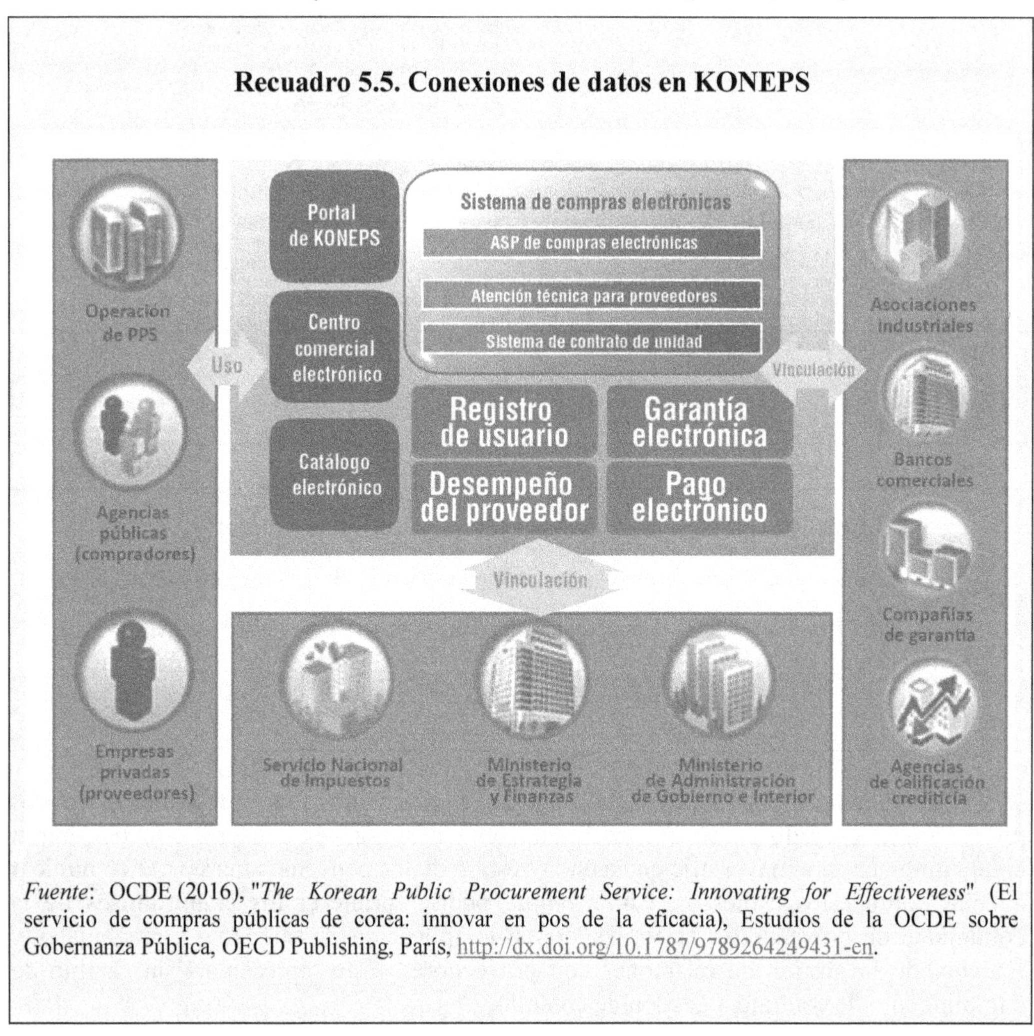

Fuente: OCDE (2016), "*The Korean Public Procurement Service: Innovating for Effectiveness*" (El servicio de compras públicas de corea: innovar en pos de la eficacia), Estudios de la OCDE sobre Gobernanza Pública, OECD Publishing, París, http://dx.doi.org/10.1787/9789264249431-en.

Los sistemas integrales de adquisición a pago le proporcionan a ChileCompra una mayor visibilidad sobre la totalidad del ciclo de compra dentro de convenios marco desde el gasto histórico hasta la ejecución de las órdenes de compra. Además, estos pueden minimizar también los costos de participación de los proveedores ya que los documentos administrativos y las certificaciones necesarios para la participación en las compras públicas se toman directamente de sistemas electrónicos de otras instituciones públicas o privadas.

En Corea, 477 formularios de documentos se han convertido a sus equivalentes digitales. Un estudio realizado por la Universidad Hanyang en 2009 indica que estos cambios condujeron a un estimado de USD 8000 millones en ahorros anuales en el costo de las transacciones; principalmente para el sector privado en costos reducidos para visitar las entidades públicas, obtener los certificados requeridos y documentos de prueba y registrarse y actualizar cuentas en múltiples sistemas

Nota

1 Con base en el cálculo de horas totales utilizadas en 2015 proporcionadas por ChileCompra, esta cifra se calculó asumiendo 21 días laborales por mes de promedio.

Referencias

Albano G. L., Nicholas C. (2016), "*The law and economy of framework agreements: designing flexible solutions for public procurement*" (La ley y la economía de los convenios marco: diseñar soluciones flexibles para la compra pública), Cambridge University Press.

GSA (2015), Vendor Support Centre, https://vsc.gsa.gov/faq/startup-kit.cfm.

NAO (2010), "*A Review of Collaborative Procurement Across the Public Sector*" (Revisión de la compra colaborativa en el sector público), Oficina de Auditoría Nacional, Reino Unido.

OECD (2016a), Improving ISSSTE's Public Procurement for Better Results, OECD Publishing Paris, http://dx.doi.org/10.1787/9789264249899-en.

OECD (2016b), *The Korean Public Procurement Service: Innovating for Effectiveness*, OECD Public Governance Reviews, OECD Publishing, Paris, http://dx.doi.org/10.1787/9789264249431-en.

OCDE (2015), Encuesta sobre convenios marco centralizados, OECD, Paris.

OCDE (2014), "*Survey on Public Procurement*" (Encuesta sobre contratación pública), OCDE

OCDE (2013), "*Implementing the OECD Principles for Integrity in Public Procurement: Progress since 2008*" (Implementar los principios de la OCDE para la integridad en las compras públicas: progreso desde 2008), Estudios de la OCDE sobre Gobernanza Pública, OCDE, París, http://dx.doi.org/10.1787/9789264201385-en.

Racca (2010), "*Collaborative Procurement and Contract Performance in the Italian Healthcare Sector: Illustration of a Common Problem in European Procurement*" (Compra colaborativa y desempeño contractual en el sector de atención médica italiano: ilustración de un problema común en la compra europea), Public Procurement Law Review, N.° 3, 2010. Disponible en SSRN: http://ssrn.com/abstract=1714278.

Capítulo 6.

Un plan de acción para desarrollar el camino a seguir

Este capítulo hace recomendaciones para que ChileCompra revise el diseño y la gestión de sus convenios marco. Al comparar los beneficios obtenidos en diversos países de la OCDE, sugiere opciones de políticas que ChileCompra podría considerar para fortalecer más el enfoque estratégico hacia su función de compra centralizada. Las opciones de política se estructuran en comparación con el ciclo de compra siguiendo un enfoque en fases, esto permite una rentabilidad adicional inmediata y más cambios profundos a largo plazo.

Considerando el uso actual de este instrumento de compra y su éxito en términos de inclusión, la implementación correcta de las recomendaciones en pos de un sistema más eficiente requeriría un enfoque cauteloso y divido en fases para evitar cambios drásticos e improvisados.

Tabla 6.1. Recomendaciones por etapas para revisar los convenios marco en Chile

Fase del CM	Recomendaciones	
	Corto plazo	Largo plazo
Preparación	ChileCompra podría: Desarrollar lotes regionales tomando en cuenta la heterogeneidad de la estructura del mercado y las necesidades de las AC y no necesariamente la división administrativa del país. Adaptar la duración de los convenios marco según sus costos y beneficios. Examinar y revisar el análisis de la demanda y la estrategia de compra de los convenios marco con baja cobertura del gasto público.	ChileCompra podría: Diferenciar los instrumentos y su implementación y estrategias; por ejemplo, implementando un sistema de compra dinámico para productos o servicios donde cumplir con los requisitos técnicos se considera suficiente para identificar proveedores aptos. Desarrollar un análisis adicional de la demanda sobre concentración de mercado y características específicas del sector en todos los CM, lo que podría mejorarse a través de la integración de ChileCompra con el sistema de gestión financiera pública.
Licitación y adjudicación	ChileCompra podría: Involucrarse con los proveedores desde la primera etapa al: Publicar de forma regular planes de compra en la página web de ChileCompra o en una plataforma para compras nacionales con el fin de informar a todas las partes interesadas sobre las próximas oportunidades. Publicar avisos informativos previos con suficiente información para dar visibilidad a los operadores económicos. Utilizar más todos los componentes de las solicitudes de información antes de la publicación de un CM. Institucionalizar las reuniones con proveedores antes del lanzamiento de un CM. Trabajar de cerca con otras instituciones como asociaciones industriales y la Cámara de Comercio de forma bilateral. Permitir la distribución, subcontratación y agrupación de PYMES. Involucrarse con las AC desde la primera etapa.	ChileCompra podría: Adaptar más el proceso de compra según el sector y la complejidad del CM. En particular, el involucramiento temprano con los proveedores podría acelerar el proceso. Desarrollar más los conocimientos de la materia de la fuerza laboral de compras públicas. Normalizar las categorías y subcategorías de bienes y servicios. Reducir la cantidad de proveedores según la naturaleza de los convenios marco. Introducir una etapa de precalificación, pruebas adicionales de capacidad, pero también desempeño anterior de los proveedores como un criterio.
Lanzamiento	ChileCompra podría: Agilizar el proceso de pedido y eliminar el nivel innecesario de detalles al describir las necesidades. Proporcionar respaldo y orientación a las AC en la competencia de la segunda etapa según sus comportamientos de compra. Desarrollar y poner a disposición una lista de control de eficiencia que esté adaptada para cada CM con el fin de permitir que las AC tomen decisiones de compra informadas.	ChileCompra podría: Revisar la categorización de productos para garantizar el nivel adecuado de competencia. Proporcionar respaldo a las AC a través de un centro de atención telefónica y actividades de capacitación personalmente o por Internet no solo sobre aspectos operativos, sino sobre principios generales de los CM. Implementar medidas diseñadas con el fin de fomentar a los proveedores para que brinden la mejor relación entre precio y calidad, lo que podría incluir la divulgación de la evaluación inicial de proveedores, un sistema de rotación de ofertas, etc.

Tabla 6.1. Recomendaciones por etapas para revisar los convenios marco en Chile *(continuación)*

Fase del CM	Recomendaciones	
	Corto plazo	Largo plazo
Gestión	ChileCompra podría: Revisar e identificar soluciones técnicas adecuadas para el proceso de solicitud de modificación de productos para proveedores y ChileCompra. Realizar una evaluación de desempeño de los proveedores en la plataforma electrónica. Garantizar la aplicación consistente de multas en las AC. Comunicar sobre los esfuerzos hechos en pos de una evaluación cualitativa de la estructura del desempeño de los proveedores.	ChileCompra podría: Optimizar y racionalizar el proceso de actualización de productos en ChileCompra Express. Establecer un Consejo asesor de proveedores dedicado para la transformación tecnológica para mejorar esas herramientas con el fin de mejorar y facilitar los procesos de actualización de productos. Desarrollar un proceso de inspección mediante el cual se evalúe minuciosa e independientemente el desempeño de proveedores seleccionados en comparación con objetivos específicos. Implementar una plataforma electrónica que cubra la totalidad del ciclo de compra.

Las recomendaciones anteriores se centran en tres tipos diferentes de acciones, todas ellas aplicables a todo el ciclo de compras. ChileCompra podría invertir en esfuerzos para la racionalización de los procesos existentes, la mejora de su eficacia o aumentar la eficiencia del sistema.

Figura 6.1. Recomendaciones para la implementación de convenios marco rectificados

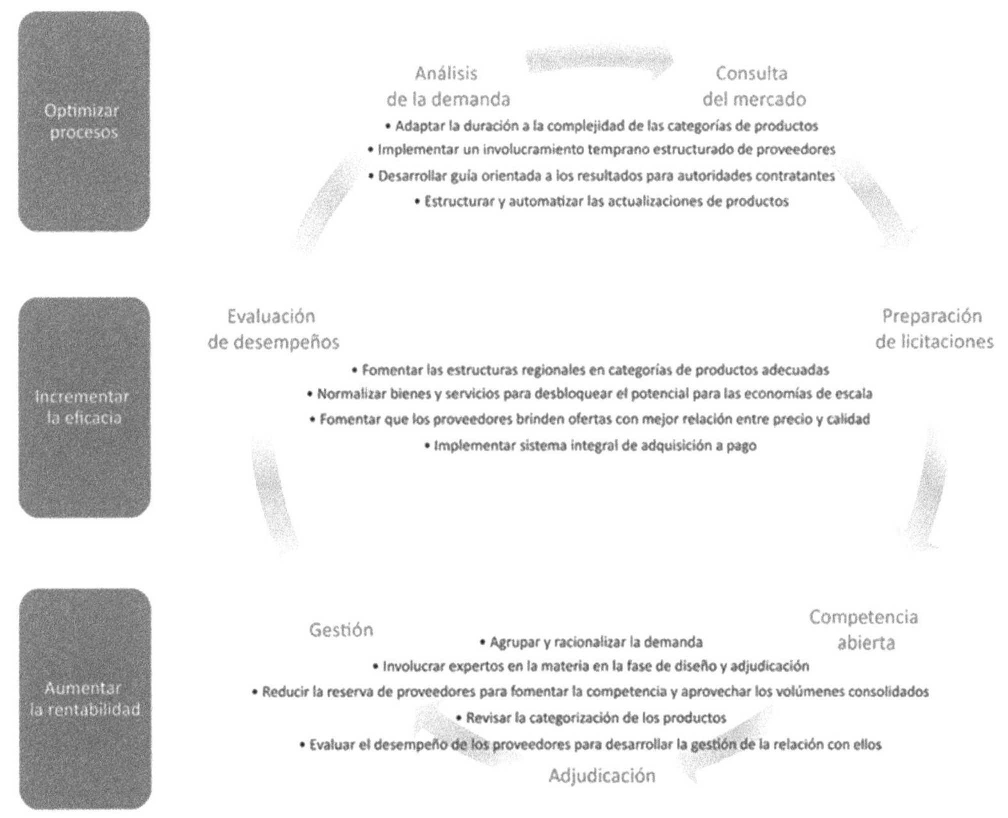

Anexo A.

Australia: concientizar a los proveedores sobre los procesos de licitación

Antecedentes

Para satisfacer las necesidades comerciales, las autoridades públicas del gobierno de Australia Occidental están buscando soluciones de contratación que brinden una buena relación entre precio y calidad. Se establecen más de 40 000 contratos individuales por año entre autoridades públicas y proveedores del sector privado. Estos contratos satisfacen un rango diverso de necesidades comerciales del gobierno de Australia Occidental, desde la compra de tecnología informática hasta el involucramiento de consultores.

Para ganar un contrato a través de la autoridad pública del gobierno de Australia Occidental, los licitadores deberían cumplir con algunos requisitos para evaluar su habilidad para cumplir con los requisitos de la Solicitud. La autoridad contratante determinará la cantidad de proveedores dentro del convenio marco. Para garantizar que los proveedores comprenden los requisitos, el departamento de finanzas del gobierno de Australia Occidental publicó en Internet la "*Suppliers Guide to Tendering – Products and Services*" (Guía sobre licitaciones para proveedores: productos y servicios).

Implementación

La Guía proporciona información sobre los procesos de licitación del gobierno de Australia Occidental, facilitada por Finanzas; asiste al licitador para que prepare y presente sus ofertas; y lo respalda para que proporcione productos y servicios al gobierno.

También brinda una orientación muy clara sobre los requisitos y criterios de selección.

Los dos primeros requisitos se evalúan sobre la base de Sí o No:

- Requisitos de precalificación;

Cada requisito se evaluará sobre la base de Sí o No. No se les proporciona un puntaje numérico. Los licitadores deben responder a todos estos requisitos si desean que se considere su respuesta. Una evaluación de "no" en cualquier requisito eliminará al licitador de su consideración ex post.

- Requisitos de cumplimiento y divulgación

Cada requisito se evaluará sobre la base de Sí o No. No se les proporciona un puntaje numérico. Los licitadores deben responder a todos estos requisitos si desean que se considere su respuesta. Si no se cumple un requisito de cumplimiento, podría eliminar la respuesta del licitador de la consideración.

Esta es una forma eficiente de eliminar automáticamente a los licitadores que no cumplen con los requisitos, los empleados públicos no tienen que realizar un análisis profundo de estos criterios de calificación y pueden, en consecuencia, concentrarse en las ofertas válidas.

- Requisitos cualitativos;

El Panel de evaluación utiliza los requisitos cualitativos para identificar los requisitos de la Solicitud y evaluar la habilidad del licitador de cumplirlos con éxito. Como regla general, incluirán cosas como:

- Solicitudes de productos adecuación de los productos propuestos; capacidad de cumplir con los plazos del proyecto; servicio y mantenimiento; experiencia demostrada en la finalización de proyectos similares; y compra local).
- Solicitudes de servicios (una comprensión demostrada de las tareas solicitadas; habilidades y conocimientos del personal clave relevante para este requerimiento; experiencia demostrada en la finalización de proyectos similares; plazos del proyecto; compra local).

Los requisitos cualitativos se ponderan normalmente. Por lo tanto, es importante brindar una consideración significativa a aquellos requisitos con un valor de ponderación mayor. Esto tendrá una influencia significativa en el proceso de selección.

Luego, el convenio marco se adjudicará a los proveedores según su calificación y las reglas establecidas en las especificaciones de la licitación.

- Precio

El precio es el valor en dólares australianos de la Respuesta. Esto se basa en la lista de precios predeterminada delineada en la Solicitud. Es muy importante que el licitador complete el precio en exactamente el formato solicitado en la Solicitud. El licitador también debe estar preparado para mantener su precio por un período de tiempo conocido como "Período de validez". El Período de validez se especificará en la Solicitud.

- Relación entre precio y calidad

Cuando un proveedor aborda los Requisitos de selección, es importante demostrar cómo su presentación representa una buena relación entre precio y calidad para el gobierno de Australia Occidental.

Lecciones clave aprendidas

Una guía para proveedores es una buena forma de informarles acerca de los procesos de licitación en el sector público. Este documento se puede usar como referencia para comprender el proceso de licitación.

La evaluación de preguntas con respuestas de Sí o No, con la eliminación de proveedores con respuestas "no" permite analizar eficientemente las ofertas.

https://www.finance.wa.gov.au/cms/uploadedFiles/Government_Procurement/Guidelines_and_templates/goods_and_services_suppliers_guide_to_tendering.pdf.

Anexo B.

Finlandia: plantilla de estudios de factibilidad para la implementación de convenios marco

- Hansel, el organismo central compras del Gobierno de Finlandia, desarrolló estudios de viabilidad estructurados para decidir sobre la aplicación de los acuerdos marco. El siguiente esbozo detalla los elementos que fueron considerados para evaluar la factibilidad de utilizar dicho instrumento de adquisición.
- Sección 1: Antecedentes y beneficios
  - Resumen del contenido del convenio marco y los antecedentes
  - Ahorros para el presupuesto estatal
  - Beneficios financieros del convenio marco para el OCC si se van a recibir comisiones
  - Otros beneficios del marco para el OCC
  - Efecto en otros convenios marco
  - Beneficios para las autoridades contratantes
- Sección 2: Análisis del convenio marco actual o la situación global
  - General
  - Volumen, proveedores y autoridades contratantes
  - Devolución de las autoridades contratantes
  - Devolución de los proveedores y del mercado
  - Funcionalidad del sistema actual de realización de compras específicas
  - Funcionalidad de los términos y las condiciones
  - Resumen del convenio marco actual
- Sección 3: Análisis de mercado
  - Tamaño del mercado y volumen de compras del estado en relación con el tamaño del mercado
  - Estructura del mercado
  - Proveedores más importantes del mercado
  - Uniformidad y madurez del mercado

- Panorama de desarrollo del mercado para los siguientes cuatro años

- Sección 4: Análisis de las autoridades contratantes
  - Necesidades actuales y futuras de las autoridades contratantes
  - Autoridades contratantes más importantes, volúmenes y convenios actuales
  - Grupo de referencia de autoridades contratantes
- Sección 5: Análisis de partes interesadas y dirección de las compras en la administración estatal
  - Análisis de partes interesadas
  - Dirección de las compras en la administración estatal
- Sección 6: Estrategia de diseño del convenio marco
  - Alcance de la compra (mínimo, máximo, métodos de compra alternativos, límites)
  - Duración del convenio marco
  - Modelo de realización de compras específicas para el convenio marco
  - Respaldo sobre las compras específicas para las autoridades contratantes
  - Deberes y responsabilidades de las autoridades contratantes en relación con el proveedor
  - Impacto en los objetivos secundarios de la política (PYMES, ecología, innovación, etc...)
  - Uso de sistemas electrónicos
  - Criterios de calificación
  - Precio
  - Calidad
- Sección 7: Proceso de licitación
  - Conocimientos del OCC en relación con la industria
  - ¿Cuán desafiante y largo es el proceso de licitación?
  - Recursos fijos del sector de compras para el proceso de licitación
  - Uso de recursos externos durante el proceso de licitación
  - Resumen del proceso de licitación
- Sección 8: Gestión de proveedores
  - Tareas del OCC durante el período de contratación
  - Recursos del OCC para la gestión de proveedores
  - Soluciones alternativas si el convenio marco no está disponible

Anexo C.

Francia: consolidación de volumen y cantidad de proveedores adjudicados[1]

Antecedentes

- La Unión de grupos de compra pública (*Union des groupements d'achats publics*, UGAP) es un organismo central de compra que adquiere bienes y servicios en virtud del Código francés de compras públicas (*Code des marchés publics*), que se basa en la Directiva sobre contratación pública de la Unión Europea 2014/24/UE. La UGAP luego le vende estos productos y servicios al gobierno y a las agencias gubernamentales, las autoridades regionales y locales y los hospitales. Sus categorías de compra incluyen vehículos, tecnología informática, muebles y equipos, suministros médicos, servicios técnicos y de mantenimiento y servicios de administración de instalaciones.
- Uno de los principales objetivos del OCC es garantizar su compra, evitando cualquier interrupción en el suministro y elevando la competencia para tener una mejor relación entre precio y calidad. El OCC tiene que considerar por cada categoría de servicio o producto reglas específicas disponibles en virtud del código de compras públicas para alcanzar sus objetivos.
- El papel es una categoría de compra muy estratégica porque es el primer consumible que utilizan las autoridades contratantes. La estructura del mercado es oligopólica (solo unos pocos fabricantes en el mundo y alrededor de 10 proveedores) y se torna cada vez más demandante con la disminución de la demanda. La disminución en la demanda en Francia se debe a varias razones como la generalización de la desmaterialización, políticas para reducir el consumo de papel...
- El convenio marco en papel es incluso más estratégico desde que el estado impuso el uso obligatorio de este convenio marco por parte de todas las entidades del gobierno central. Esa es la razón por la cual el OCC debe encontrar un sistema para ayudar a más de un proveedor a recibir órdenes.

Implementación y proceso

La estrategia adoptada para este convenio marco se basó en el sistema de rotación en el cual más de un proveedor recibe una parte del contrato. El convenio marco tiene dos lotes, uno sobre papel ecológico entregado con manipulación y el otro sin manipulación.

Las reglas generales están establecidas en las especificaciones de la licitación de la siguiente forma:

- Hasta seis proveedores dentro del convenio marco.
- El convenio marco se concluye por tres años como máximo (dos años con la posibilidad de extenderlo dos veces por un plazo de seis meses).

- Cada contrato emitido a partir de la minilicitación se concluirá por doce meses como máximo.
- La suma estimada del convenio marco es de alrededor de 80 millones de euros.
- Los criterios de adjudicación para el convenio marco se basan en aspectos ambientales, calidad de servicio y valor técnico. No se basan en el precio. El criterio de precio se usará para las minilicitaciones.
- Para cada minilicitación, el OCC tiene que determinar la suma máxima y mínima del contrato.
- Hasta tres proveedores dentro del contrato que resulte de la minilicitación.
  - El proveedor que termine en el primer puesto recibirá un 70 % de la suma mínima,
  - El proveedor que termine en el segundo puesto recibirá un 30 % de la suma mínima,

Si la suma ordenada excede la suma mínima:

- El proveedor que termine en el primer puesto recibirá un 70 % de la suma máxima,
- El proveedor que termine en el segundo puesto recibirá un 30 % de la suma máxima,

En en caso de que el proveedor del primer puesto de la minilicitación no cumpla, las órdenes irán al segundo. En caso de que el proveedor del segundo puesto de la minilicitación no cumpla, las órdenes irán al primero. En caso de que los proveedores del primer y segundo puesto de la minilicitación no cumplan, las órdenes irán al proveedor que esté en el tercer puesto.

La distribución del volumen del contrato ciertamente conducirá a una alta competencia, ya que se alienta a los proveedores a estar en el primer puesto. Es una de las razones por las cuales el proveedor que termina en el tercer puesto no recibe ninguna orden (pero también para evitar cualquier riesgo de colusión).

Lecciones clave aprendidas

El convenio marco se concluyó con los cuatro proveedores principales de papel que representan más del 50 % de la participación en el mercado. Este nuevo sistema permitió un aumento significativo en el ahorro, dado que los proveedores tenían incentivos fuertes para que se los colocara en la primera posición. Dada la estrategia adoptada, el convenio marco es un verdadero éxito particularmente porque no ha habido interrupción de la oferta.

Nota

1 Estudio de caso presentado por el organismo central de compras francés UGAP (*Union des groupements d'achats publics*).

Anexo D.

Italia: estructura de la convocatoria a licitación

Contexto

Fundado en 1997, Consip es el organismo central de compra italiano, es 100 % propiedad del Ministerio de Economía y Finanzas (MEF). Desde 2000, la tarea de Consip ha sido la de implementar el Programa para la racionalización del gasto público en bienes y servicios que incluye el uso de herramientas tales como los convenios marco. La energía es una de las categorías de productos o servicios que Consip proporciona a las administraciones públicas. En 2005, la unidad de energía de Consip observó, por medio de análisis e investigación de mercado, que había lugar para diseñar un convenio marco, por primera vez, en la compra de servicios de calefacción. Esta área absorbió el 34 % del gasto nacional en energía (alrededor de EUR 3400 millones por año) y representó aproximadamente 5 % del mercado italiano de energía. El objetivo esperado era lograr un ahorro económico de 5 a 10 % y ahorros equivalentes de energía.

Consip emitió la primera edición de la licitación de Servicio integral de energía en 2006 y desarrolló más los servicios proporcionados bajo este paraguas que ahora incluye la provisión de sistemas eléctricos. El convenio marco ahora ya va por su tercera edición y hace poco se ha publicado el aviso de la cuarta edición.

Objetivos

El objetivo del convenio marco era proporcionar servicios para la mayor cantidad posible de administraciones diseminadas a lo largo del país, sin dejar de garantizar una flexibilidad suficiente dado que no era posible enumerar los edificios que se debían calefaccionar y sus características técnicas o físicas.

Teniendo en cuenta las fuertes consideraciones ambientales, otro objetivo del convenio marco fue establecer el buen desempeño y alcanzar un enfoque de ahorro compartido mediante el cual se pagara a los proveedores por una tarifa plana fija y luego se les compensara cuando se haya alcanzado el objetivo de desempeño energético.

El último objetivo de Consip fue incrementar gradualmente los objetivos del desempeño ambiental sin dejar de acompañar el desarrollo sostenible del mercado. Por lo tanto, los nuevos convenios marco ahora se conocen como "Convenio marco de energía para todo el edificio".

Implementación

Antes de la emisión de cada edición de licitación, Consip realizó un análisis de mercado basado en datos históricos e información derivada de las respuestas proporcionadas por los proveedores a los cuestionarios publicados en la página web de Consip así como en los anuncios públicos del cronograma y alcance de las próximas iniciativas de compra de la compañía. Los cuestionarios en línea incluían información sobre la cobertura geográfica de las compañías y las razones que podrían evitar que las compañías oferten.

Antes de la primera edición, Consip analizó minuciosamente las necesidades y la capacidad de las autoridades contratantes y los proveedores. A pesar el interés que demostraron las principales partes interesadas, las inversiones en la eficiencia energética no se estaban desarrollando debido a varias barreras:

- Ausencia de estándares específicos (mediciones, valores de referencia, procedimientos, etc.) y poca conciencia sobre las oportunidades existentes de eficiencias energéticas en edificios públicos;
- Falta de conocimientos entre los empleados públicos para asociarse con la industria.

Para superar estos desafíos, Consip incluyó en la documentación de la licitación la identificación de una persona técnica por cada autoridad contratante que los proveedores debían comprometerse a capacitar sobre temas de eficiencia energética. También se han organizado reuniones informativas con el objetivo de informar sobre el tema y fomentar el uso de una estrategia de convenio marco que permita economías de escala y una disminución de los costos administrativos.

Para analizar el lado de la oferta se realizaron varias reuniones con las principales asociaciones comerciales y con todas las compañías de servicios de energía (CSE) que habían ganado en licitaciones previas relevantes para abordar los aspectos cruciales que emergieron durante la ejecución de los contratos previos correspondientes. Por ende, los proveedores también participaron antes de la decisión de la estrategia de licitación y se les ofreció la oportunidad de presentar sus puntos de vista, de modo tal que Consip pudiera elegir la mejor estrategia.

Considerando la incertidumbre de la cobertura inherente en términos del edificio, Consip decidió diseñar la primera licitación con la visión de implementar un convenio marco abierto para todas las administraciones públicas. Por lo tanto, el proceso de licitación se desarrolló a partir de un caso comercial en un edificio público específico extrapolado al valor total de la licitación y la cantidad de edificios previstos. Las siguientes ediciones, por ende, se beneficiaron de una evaluación refinada de la cobertura del contrato.

Tabla A.D.1. Cobertura de los convenios marco

Edición de la licitación	Cantidad de autoridades contratantes	Valor del contrato (MEUR)	Cantidad de edificios
1	324	803	5800
2	298	1367	7200

* Los resultados de la tercera edición todavía no están disponibles

Impacto y supervisión

El proceso de licitación siempre ha sido un procedimiento abierto sobre la base de la oferta más ventajosa en términos económicos (MVTE), mediante el cual un 60 % se asignó al precio y un 40 % a calidad. Considerando los análisis previos del mercado y para desarrollar mejor la capacidad de la base de oferta en las áreas locales, cada licitación se ha divido en 12 lotes geográficos con el fin de incrementar la competencia y fomentar la participación de las pequeñas y medianas empresas.

Tabla A.D.2. Proveedores que participan en las licitaciones

Edición de la licitación	Cantidad de CSE participantes	% de PYMES CSE	Cantidad de CSE ganadoras	% de PYMES CSE ganadoras
1	34	50 %	13	15 %
2	58	67 %	32	75 %
3	65	62 %	n. d.	n. d.

Nota: Los resultados de la tercera edición son solo parciales

Con el fin de reducir el consumo de energía, a nivel nacional, Consip adoptó una estrategia basada en los contratos de desempeño de energía. La idea básica es que el proveedor de energía debería estar motivado y ser alentado para optimizar el consumo de energía y la gestión de recursos para mejorar su rentabilidad.

Los criterios de adjudicación se pensaron en pos de alentar a los proveedores a reducir el consumo principal de energía y las emisiones de CO2 asociadas del sistema de planta de calefacción o de todo el edificio con medidas como la sustitución de calefacción con agua caliente, aislamiento, fuentes térmicas renovables, etc.

En las primeras dos ediciones del convenio marco, la Autoridad de Gas y Energía Eléctrica italiana certificó los resultados de eficiencia energética. En la tercera edición, a las CSE se les pidió implementar un Sistema de Verificación y Medición de consumo y ahorro de energía. Este elemento fue parte de los criterios de adjudicación.

Se alcanzó un promedio de 25 % de ahorros de costos para las administraciones públicas, involucrando aproximadamente 13 000 edificios. Los contratos para las dos primeras ediciones ejecutadas tuvieron un valor financiero (estimado) total de EUR 2216 millones.

Desafíos y riesgos

Considerando la estructura de la licitación, uno de los principales desafíos fue garantizar una suficiente competencia en todos los lotes regionales. El alcance y la duración de la fase de consulta del mercado ayudaron a minimizar el riesgo de no tener propuestas para un lote. En promedio, más de 50 CSE participaron en cada edición de la licitación y alrededor del 50 % de las CSE ganadoras fueron PYMES.

La novedad de la estrategia de compra y, en particular, las especificaciones técnicas basadas en el desempeño diseñadas para fomentar la innovación también representó un desafío significativo. Este enfoque, aunque incentiva la creatividad de los proveedores, crea un riesgo adicional de recibir propuestas que no cumplan con los criterios técnicos. Solicitar la devolución de los proveedores sobre el borrador de las especificaciones técnicas ayudó a minimizar este riesgo. En efecto, todos los proveedores involucrados pudieron cumplir con los criterios técnicos solicitados y de hecho hubo una mayor competencia sobre características técnicas incluidas en la licitación.

Lecciones clave aprendidas

La consulta del mercado previa a la compra fue una de las partes más importantes del proceso de compra y se llevó a cabo utilizando cuestionarios en línea para proveedores además de reunirse con el lado de la oferta. La duración de esta fase en la primera edición requirió aproximadamente dos años hasta haberla completado de conformidad con la complejidad del proyecto y la novedad de la estructura de licitación. Después disminuyó progresivamente en las ediciones subsiguientes, como resultado de la información reunida previamente.

Una investigación minuciosa del mercado le proporcionó a Consip una mayor comprensión de la estructura y la aceptación del lado de la oferta, lo que a su vez incrementó la competencia en la convocatoria para la fase de licitación.

Considerando la naturaleza de la relación contractual entre Consip y los proveedores adjudicados con los convenios marco basados en el desempeño, se ha identificado a la duración del contrato como un factor crucial para garantizar relaciones sostenibles. Desde que los proveedores solo se ven compensados cuando se está alcanzando el desempeño energético, la duración del convenio tiene un impacto inmediato en el retorno de la inversión de los proveedores.

Los principales impactos ambientales se relacionan con emisiones de CO_2 causadas por consumo de energía. Para reducir estos impactos, los contratos incluyeron una cláusula de desempeño que exigía que se ahorrara una cantidad mínima de energía medida en toneladas equivalentes de petróleo (TEP). Este límite mínimo se ha excedido significativamente.

De forma acumulada, estos convenios marco resultaron en casi 78 000 TOE ahorradas, que se traducen a 62 MEUR. Permitió evitar 200 000 toneladas de emisiones de CO_2.

Además, el convenio marco ayudó a estandarizar el proceso de compra de servicio de energía en todo el país ya que casi 630 autoridades contratantes han recurrido al mismo instrumento de compra por un valor total de contrato de 2216 MEUR.

El éxito de este convenio marco ha ayudado a las autoridades públicas italianas a dar el ejemplo en ahorro de energía en relación con los ciudadanos y el sector privado, cumpliendo con sus obligaciones de compra y con las Directivas 2006/32/CE y 2012/27/UE sobre servicios energéticos y eficiencia del uso final.

La última edición de este convenio marco ganó el Premio al servicio energético europeo en 2014 y estuvo entre los cinco finalistas en el Premio compra de innovación de 2015.

Anexo E.

Nueva Zelanda: índice de capacidad de compra

Contexto

En 2012, el gobierno de Nueva Zelanda presentó el Liderazgo funcional de compras (*Procurement Functional Leadership*, PFL) para construir sobre las iniciativas y el impulso obtenido del programa anterior de Reforma de compra. El PFL coloca un mayor enfoque en la construcción de una eficacia de compras en todo el sector público. El Director del Ministerio de Negocios, Innovación y Empleo fue designado Líder funcional de compras para:

- Proporcionar un liderazgo fuerte en todas las actividades de compra del gobierno.
- Acelerar la mejora de los conocimientos comerciales, la aptitud de compra y la capacidad de los servicios estatales.
- Proporcionar mejores resultados de compra para el gobierno, lo que conduce a mejores servicios y relación entre precio y calidad.

El documento elaborado por el gabinete de octubre de 2012: "*Government Procurement Functional Leadership*" (Liderazgo funcional de compras gubernamentales) estableció que "aumentar la capacidad comercial es la prioridad número uno para el PFL" y las acciones deberían "...estimular el aumento de la capacidad de compra, desarrollar e implementar un índice de madurez de compra para medir y realizar un seguimiento del desempeño de compras de todas las agencias de servicios estatales...e informar los resultados al Gabinete de forma anual".

El Índice de capacidad de compra (*Procurement Capability Index*, PCI) que se obtuvo es un proyecto prioritario para la agencia gubernamental de Nueva Zelanda (*New Zealand Government Procurement agency,* NZGP). El PCI fue desarrollado y probado en 2015 y se desplegará a las agencias en 2016/17.

Objetivos

El PCI es una herramienta de autoevaluación que las agencias gubernamentales puede utilizar para medir y realizar un seguimiento de sus habilidades comerciales, desarrollar planes de mejora y realizar un análisis comparativo entre su desempeño y el de otras agencias. El PCI presenta una serie de preguntas, vinculadas con un sistema de calificación, que se usan para evaluar la capacidad comercial de las agencias en comparación con una escala de fuerte, bien posicionada, necesita desarrollo o débil.

El PCI está diseñado para trabajar en armonía con otras agencias gubernamentales centrales de Nueva Zelanda, como la Tesorería y la Comisión de Servicios Estatales, para impulsar en conjunto mejores prácticas comerciales. Los resultados del PCI ayudarán a informar y asistir a Tesorería con la toma de decisiones de inversión. También informarán las evaluaciones de desempeño de los líderes superiores realizadas por la Comisión de Servicios Estatales.

Implementación

A las agencias se les exigirá que completen y presenten una evaluación del PCI y proporcionen métricas de respaldo de forma anual. Los resultados se informarán a los Ministros del Gabinete y se publicarán en la página web de Compras gubernamentales de Nueva Zelanda. La evaluación se basa en un modelo de madurez de capacidad que consiste en 42 preguntas que abarcan 11 categorías, que son:

3. Estrategia y resultados: planificación estratégica para resultados comerciales
4. Estrategia y resultados: alineación de la estrategia de compras con las áreas de resultados claves de la agencia
5. Liderazgo comercial: liderazgo comercial que impulsa resultados
6. Involucramiento de las partes interesadas: involucramiento de la función de compras con las partes interesadas
7. Gobierno: gobierno y organización de la función de compras
8. Política y práctica: alineación con la política y los procesos
9. Proveedores y distribuidores: suministro y colaboración
10. Relaciones con proveedores y distribuidores: gestión de relación con proveedores
11. Gente: gestión de gente y desarrollo de habilidades
12. Gente: gestión de desempeño y conocimientos
13. Tecnología: uso de herramientas y procesos tecnológicos

La autoevaluación del PCI estará respaldada por procesos de revisión y moderación para garantizar la fiabilidad de los resultados y para impulsar la consistencia entre las agencias. El proceso de moderación permite una mezcla de devolución de proveedores y distribuidores y revisiones externas y de pares.

Impacto y supervisión

El concepto del PCI se enfoca en fomentar las mejoras en las habilidades comerciales y la capacidad de compra en el transcurso del tiempo. Se espera que se produzca una mejora del desempeño a medida que se capturan, abordan y actúa con base en la información obtenida a través del proceso de autoevaluación dentro de las agencias y a lo largo de ellas. En otros casos, la información vendrá de las reflexiones de un grupo asesor que observará los resultados de todas las agencias. Las perspectivas ayudarán a las agencias a concentrar sus esfuerzos colectivos en mejorar los conocimientos comerciales y la eficacia de la compra.

Para cada agencia se producirá un informe que resume los temas clave, las oportunidades y los impactos identificados por esa agencia. También se presentará un resumen ejecutivo de los resultados de la agencia y serán publicados en la página web de Compras gubernamentales de Nueva Zelanda (NZGP) con un informe general que identifique los hallazgos que tienen un impacto en varias agencias.

Desafíos y riesgos

Hay un riesgo de inconsistencia en los resultados dada la variación en la capacidad comercial de más de 100 agencias que participarán en el programa. Esto se gestionará utilizando una mezcla de pares revisores y supervisión de un grupo asesor compuesto por los directores de compras de una serie de agencias. Donde la calificación de la agencia se alta o baja, se involucrarán expertos externos para que revisen la evidencia utilizada para respaldar la autoevaluación de la agencia. Esas revisiones incluirán:

- Entrevista con el Gerente de compras del nivel 3
- Verificaciones esporádicas de la evidencia de respaldo de la agencia
- Evaluación del nivel de confianza en la evidencia de la agencia

Otro riesgo principal implica establecer la credibilidad ante los ojos de los proveedores y el público en general. Sería fácil que la integridad del proceso de moderación y revisión del PCI se viera dañada si las evaluaciones se considerar un caso de agencias gubernamentales calificándose con puntaje demasiado alto sin una buena razón.

Para mitigar esto, el proceso del PCI permite la devolución de los proveedores de un rango de fuentes que incluyen:

- Grupos industriales: como grupos de referencia comercial y grupos de convergencia del sector social
- Elogios y quejas de proveedores y distribuidores
- Devolución de proveedores y distribuidores obtenida a través de revisiones y encuestas
- Encuesta anual realizada por NZGP

Lecciones clave aprendidas

Las visiones de las partes interesadas son cruciales para establecer un programa de evaluación con integridad. Los procesos de moderación y revisión en particular deben ser capaces de enfrentar el escrutinio si el programa va a tener credibilidad con el fin de que el público, los proveedores y los líderes del gobierno lo tomen en serio.

Anexo F.

Reino Unido: participación de las partes interesadas en el diseño de la licitación

Antecedentes

El Servicio comercial de la corona (*Crown commercial service*, CCS) es una agencia ejecutiva, patrocinada por la Oficina del Gabinete, que gestiona la compra bienes y servicios comunes y lidera la política de compras en nombre del gobierno del Reino Unido. El CCS utilizó la comunicación y su página web para garantizar el involucramiento temprano de proveedores y autoridades contratantes.

Implementación y proceso

Para involucrar a los proveedores y a las autoridades contratantes, es importante publicar en linea información de fácil acceso sobre el canal de compra que todos puedan encontrar con facilidad:

- Compras adjudicadas recientemente y en marcha:

La información disponible es la categoría de productos y servicios, el nombre del convenio y su código y duración. Proporcionar información sobre compras adjudicadas recientemente es importante para los proveedores que no conocían esta oportunidad de compra; ya pueden saber más o menos cuándo se planea el próximo convenio marco.

- Compra planificada

La información disponible es la categoría de productos y servicios, el nombre del convenio y la fecha planificada de publicación en el DOCE (Diario Oficial de la Unión Europea) y la fecha planificada de adjudicación.

- Compras futuras en consideración

La información disponible es la categoría de productos y servicios, el nombre del convenio

En relación con la compra planificada, para algunos convenios marco, también es posible acceder a través de la página web del CCS:

- El aviso previo a información,
- Los plazos del proyecto,
- Documentación como:
  - Borrador de declaración de requisito,
  - Borrador de especificación,

  - Borrador de estrategia de asignación que se está considerando,
  - Borrador de estrategias de compra.
- Actividades de involucramiento de proveedores y clientes (de forma separada)
  - Reuniones,
  - Seminarios web,
  - Cuestionario,
  - Talleres,
  - Seminarios.

Lecciones clave aprendidas

Para las autoridades contratantes, esas actividades representan una oportunidad real de proporcionar una devolución sobre los diferentes documentos borradores al menos unos meses antes de la fecha esperada de publicación de la licitación.

Para los proveedores, es una ocasión para abordar el documento borrador relacionado con el convenio marco y obtener respuestas a cualquier pregunta que puedan tener en un entorno confidencial.

El involucramiento temprano de proveedores y autoridades contratantes a través de diferentes medios permite un mejor diseño de la especificación de la licitación, de esta forma se vinculan las necesidades de la autoridad contratante con los productos y servicios disponibles en el mercado.

Más información

Más información puede ser encontrada en: http://ccs-agreements.cabinetoffice.gov.uk/project-management-and-full-design-team-services-rm3741.

Anexo G.

Estados Unidos: guía sobre convenios marco

Contexto

La Administración de Servicios Generales (*General Services Administration*, GSA) de los EE. UU. proporciona compra centralizada para el gobierno federal. Con un presupuesto de USD 23 900 millones financiado en un 99 % a partir de servicios proporcionados a las agencias federales, la GSA empleaba 11 495 empleados de tiempo completo a junio de 2014. La GSA está formada por cuatro servicios principales:

- **Servicio de adquisiciones federales (Federal Acquisition Service, FAS)** que proporciona múltiples vehículos de contratación, gestión de flota, gestión de viaje y transporte y servicios de tarjetas de compra para todo el gobierno para todas las agencias federales y otras entidades del gobierno estadounidense.
- **Servicio de edificios públicos (Public Building Service, PBS)**, el arrendador para el gobierno federal civil. Adquiere espacio en nombre del gobierno federal a través de nuevas construcciones y alquiler, y actúa como cuidador de las propiedades federales en todo el país.
- **Oficina de política para todo el gobierno (Office of Government-wide Policy, OGP)** la autoridad que emite políticas que abarcan las áreas de propiedad real y personal, viajes y transporte, tecnología informática, información regulatoria y uso de comités asesores federales.
- **Oficina de servicios al ciudadano y tecnologías innovadoras (Office of Citizen Services & Innovative Technologies, OCSIT)**, el punto central nacional de datos, información y servicios ofrecidos por el gobierno federal a los ciudadanos.

El Servicio de adquisiciones federales es responsable de implementar y administrar los Contratos de adjudicación múltiple (*Multiple Award Schedules*, MAS) de conformidad con la Regulación de adquisiciones federales (*Federal Acquisition Regulation*, FAR). El programa MAS proporciona actividades de pedidos elegibles con un proceso simplificado para obtener suministros y servicios. Los contratos tienen múltiples adjudicaciones, entrega indefinida y cantidad indefinida (IDIQ, en inglés), que se adjudican a compañías responsables que ofrecen suministros o servicios comerciales a precios que la GSA o el nivel del contrato base ha determinado que son justos y razonables. Los contratos se adjudican como contratos de cinco años con entrega indefinida y cantidad indefinida (IDIQ) con tres opciones de cinco años. La GSA o el FAS adjudica y administra estos IDIQ, pero permita que usuarios calificados accedan a ellos por su cuenta. Los productos y servicios se ordenan directamente de los contratistas del contrato.

El programa MAS les brinda a las entidades de compra más de 40 millones de suministros (productos) y servicios comerciales a un precio de descuento por volumen a través de 39 convocatorias permanentes y abiertas (incluyen 9 administradas por el Departamento de Asuntos para Veteranos para suministros y servicios médicos).

Objetivos

El objetivo general del programa MAS es fomentar el ahorro de costos para todas las autoridades contratantes federales de los EE. UU. sin dejar de garantizar el cumplimiento de las regulaciones de compra. Para este fin, el programa MAS proporciona las siguientes características:

- Vehículos de adquisición actualizados que cumplen con la FAR que ayudan a minimizar los riesgos
- Precios competitivos basados en el mercado que aprovechan el poder adquisitivo del gobierno federal, con la habilidad de negociar descuentos adicionales a nivel de la orden
- Expertos en adquisiciones disponibles para ayudar a los clientes a sacar el máximo fruto de los MAS
- Capacitación en línea y presencial para ayudar con el uso y la maximización de los beneficios de la utilización del MAS

La asistencia y el respaldo proporcionados por el FAS contribuyen directamente a alcanzar el principal objetivo de este programa: ahorro de costos basado en el precio de descuento por volumen y reducción de costos burocráticos al no exigir que la Agencia federal cree un vehículo contractual independiente.

Implementación

El FAS desarrolló una guía amplia en varios formatos que va más allá del mero uso operativo del programa MAS. A principios de 2011 MAS implementó un portal dedicado revisado y brinda un centro único de recursos y asistencia con el uso de los contratos.

El portal ofrece una ubicación central para que las autoridades contratantes accedan a todos los recursos y las herramientas disponibles en línea. Entre las características mejoradas están la capacitación por video y audio, una Guía de referencia de escritorio de MAS con capacidad de búsqueda y acceso al Blog de MAS y foros de debate en Interact, la plataforma de redes sociales y comunidad en línea del FAS. Los programas de capacitación actualizados regularmente y basados en las competencias centrales de la serie de contratación GS-1102 ayudan a las autoridades contratantes a navegar fácilmente por los contratos y a aprender cómo implementar los procesos de pedido que cumplan con la FAR.

Esta serie de materiales de capacitación está dirigida a diferentes audiencias desde entidades federales, gobiernos locales y estatales, hasta proveedores y estudiantes. Algunas actividades de capacitación también ofrecen la posibilidad de ganar puntos de aprendizaje continuo (CLP, en inglés) que podrían contarse para una certificación de contratación y educación continua, que se requieren para la certificación continua. Los participantes aprenden cómo usar eficazmente el programa de Contratos para cumplir con sus requisitos, utilizar herramientas para incrementar la competencia, lograr la utilización de las empresas pequeñas o procurar adquisiciones sostenibles.

El portal de MAS también incorpora herramientas y recursos mejorados para los proveedores, lo que incluye un Centro de atención al proveedor renovado. El Centro de atención al proveedor brinda un punto de entrada para los tenedores de contratos de la GSA y contratos de adquisición de todo el gobierno para que accedan a recursos diseñados para ayudarles a trabajar con el FAS y con autoridades contratantes locales, estatales y federales.

Las guías incluyen en particular secciones sobre:

- Los diferentes objetivos del programa MAS;
- Las listas de suministros y servicios que podrían adquirirse a través de MAS;
- Si el uso de MAS es la mejor ruta de adquisición;
- Estrategias de adquisición utilizando el MAS;
- Flexibilidades de adquisición en el uso de MAS como la agrupación de necesidades en Contratos generales de compra (Blanket Purchase Agreements, BPA), posibilidades para que las autoridades contratantes soliciten Acuerdos de equipo de contratistas (Contractor Team Arrangements, CTA) que permitan que dos o más proveedores presenten un enfoque de equipo para la entrega de soluciones, diferente de un tipo de relación de contratista principal con subcontratista.

Además de los materiales de capacitación, las autoridades contratantes y el público en general tienen acceso a información detallada sobre el desempeño de los MAS cuando ingresan a la plataforma dedicada. Esta información les brinda a los compradores perspectivas sobre cómo se distribuye un MAS específico entre proveedores, cuál es la distribución socioeconómica de proveedores y el desempeño del MAS como catalizador económico en comparación con áreas geográficas.

Impacto y supervisión

La Oficina de Gestión de la Adquisición, División Capacitación (QVOH) del FAS se estableció oficialmente hacia finales del año 2015. Anteriormente la Oficina de Gestión de la Adquisición había operado un programa de capacitación sólido bajo el auspicio de la División de Política de la Oficina. La creación de la división separada ha generado un aumento significativo en la cantidad de capacitaciones en persona realizadas durante el primer trimestre del año 2016, que equivalieron a la cantidad total de capacitaciones (21) realizadas en el año 2015. La División en la actualidad está trabajando para expandir sus ofertas en línea y a demanda con la expectativa de que se produzcan aumentos similares de la cantidad de participantes en esos medios. Además, durante la primavera del 2016, la División inauguró la primera cohorte de instructores nacionales. Estas personas recibirán capacitación sobre el programa actual de la División además de capacitación especializada para abordar metodologías de aprendizaje para adultos y desarrollo de cursos o programas. De forma colateral se asignarán instructores nacionales para que realicen capacitaciones sobre adquisiciones en todos los Estados Unidos con un enfoque en las regiones geográficas dentro de las cuales residen.

Desafíos y riesgos

Como una división que está desarrollando programas nuevos para la GSA y el FAS, la QVOH está trabajando para desarrollar las líneas de base para futuras necesidades de recursos. La QVOH cree que a medida que el programa y la capacidad de ofrecer capacitación aumentan, también lo hará la necesidad de recursos adicionales. No obstante, la QVOH ha elegido deliberadamente seguir un camino que maximiza los talentos existentes dentro del FAS de forma colateral. Uno de los grandes riesgos es que podría resultar en un aumento de la capacidad que sea desproporcionado con los recursos necesarios de forma positiva.

Lecciones clave aprendidas

El programa MAS, tiene el potencial de impulsar varias rentabilidades en términos de costos de procesamiento, la simplificación del proceso de compra y los ahorros, también es un sistema complejo que considera la amplia gama de productos y servicios disponibles y la cantidad de proveedores inscritos en este programa.

El alejamiento de los bienes y servicios normalizados y la integración de ofertas más complejas también generaron desafíos adicionales. Las auditorías realizadas por la Oficina del Inspector General de la GSA de hecho sugieren que la mayoría de las irregularidades encontradas en el procesamiento de órdenes se relacionaban con compras menos estandarizadas y en particular con la contratación de servicios complejos.

Proporcionar orientación detallada sobre las herramientas de compra como el MAS podría proporcionar varios beneficios para las autoridades contratantes y es un gran paso hacia la eficiencia en las compras. No solo ha ayudado a los usuarios finales a navegar por el programa MAS, también le ha ofrecido al FAS la oportunidad de transmitir mensajes clave a la audiencia de compras públicas e infundir una cultura de eficacia y eficiencia en el uso del programa MAS.

ORGANIZACIÓN DE COOPERACIÓN Y DE DESARROLLO ECONÓMICOS (OCDE)

La OCDE constituye un foro único en su género, donde los gobiernos trabajan conjuntamente para afrontar los retos económicos, sociales y medioambientales que plantea la globalización. La OCDE está a la vanguardia de los esfuerzos emprendidos para ayudar a los gobiernos a entender y responder a los cambios y preocupaciones del mundo actual, como el gobierno corporativo, la economía de la información y los retos que genera el envejecimiento de la población. La Organización ofrece a los gobiernos un marco en el que pueden comparar sus experiencias políticas, buscar respuestas a problemas comunes, identificar buenas prácticas y trabajar en la coordinación de políticas nacionales e internacionales.

Los países miembros de la OCDE son: Alemania, Australia, Austria, Bélgica, Canadá, Chile, Corea, Dinamarca, Eslovenia, España, Estados Unidos de América, Estonia, Finlandia, Francia, Grecia, Hungría, Irlanda, Islandia, Israel, Italia, Japón, Letonia, Luxemburgo, México, Noruega, Nueva Zelanda, Países Bajos, Polonia, Portugal, Reino Unido, República Checa, República Eslovaca, Suecia, Suiza y Turquía. La Comisión Europea participa en el trabajo de la OCDE.

Las publicaciones de la OCDE aseguran una amplia difusión de los trabajos de la Organización. Éstos incluyen los resultados de la compilación de estadísticas, los trabajos de investigación sobre temas económicos, sociales y medioambientales, así como las convenciones, directrices y los modelos desarrollados por los países miembros.

ÉDITIONS OCDE, 2, rue André-Pascal, 75775 PARIS CEDEX 16
(42 2017 25 4 P) ISBN 978-92-64-27552-2 – 2017

www.ingramcontent.com/pod-product-compliance
Lightning Source LLC
LaVergne TN
LVHW081408110826
845149LV00010B/1666

* 9 7 8 9 2 6 4 2 7 5 5 2 2 *